本书系2015年山东省职业教育教学改革研究项目
“高职院校有效教学的研究与实践”研究成果　项目编号2015116

高等职业院校有效教学的研究与实践

GAODENG ZHIYE YUANXIAO YOUXIAO JIAOXUE DE YANJIU YU SHIJIAN

——基于理解与实践的逻辑

马培安◎著

山东人民出版社·济南
国家一级出版社　全国百佳图书出版单位

图书在版编目（CIP）数据

高等职业院校有效教学的研究与实践：基于理解与实践的逻辑/马培安著.--济南：山东人民出版社，2018.10

ISBN 978-7-209-11350-2

Ⅰ．①高… Ⅱ．①马… Ⅲ．①高等职业教育－教学研究 Ⅳ．①G718.5

中国版本图书馆CIP数据核字(2018)第216812号

高等职业院校有效教学的研究与实践

——基于理解与实践的逻辑

马培安 著

主管部门 山东出版传媒股份有限公司
出版发行 山东人民出版社
出 版 人 胡长青
社　　址 济南市英雄山路165号
邮　　编 250002
电　　话 总编室（0531）82098914
　　　　 市场部（0531）82098027
网　　址 http://www.sd-book.com.cn
印　　装 山东华立印务有限公司
经　　销 新华书店

规　　格 16开（169mm×239mm）
印　　张 13.25
字　　数 170千字
版　　次 2018年10月第1版
印　　次 2018年10月第1次
印　　数 1-1000
ISBN 978-7-209-11350-2
定　　价 48.00元

序言

董刚

作为一名长期从事职业教育实践与研究的工作者，由于工作的关系结识了很多热心职业教育研究的同行。泰山职业技术学院的党委副书记、副校长马培安同志就是他们中的一位佼佼者。最近他把这本书的样稿发给我，嘱我写几句话，我欣然接受邀请。在我国职业教育事业健康、快速发展的今天，我很高兴看到有越来越多工作在职业教育一线的同志们在锐意改革、大胆实践的同时，还加强了对职业教育的理论研究，这是推进职业教育持续发展的重要力量。

教育是一项非常复杂的系统工程。它受经济、社会、文化的影响，涉及人、财、物等诸多因素，面对生活背景不同、个性迥异、基础有差异的学生，实施内容丰富、形式多样的教育教学活动，促进学生的全面发展。所以，很多人，包括很多从事教育工作的人也很容易迷失在教育的复杂系统中、庞杂的研究文献中，面对无数专家的丰富言论、令人眼花缭乱的各种模式、方法，面对家长们无所顾忌的议论、报怨，感到无所适从。

教育，其实也可以很简单。教育就是培养人的一种社会活动。搞清楚培养什么人，如何培养人这两个问题就足够了。如何确定培养什么人？不同类型不同层次的学校有不同的培养目标，是由人的需求与社会发展需求确定的。在目前的社会发展阶段，主要是由社会需求和人的发展需求决定的；在未来的社会里，将主要由人的需求确定，同时考虑社会的发展需求。其实，根据马克思主义基本原理：在未来的社会里，人的需求与社会需求是一致的，甚至就是一回事，都是人的需求，因为社会本来就是人的联合体。当前，高职院校的人才培养目标已经十分明确：培养的是高素质技术技能型人才。

搞清楚了要培养什么人，围绕这个目标、方向，统筹师资、设备、教学资料、环境等教育资源，通过实施系统的教育教学活动，完成如何培养人的任务。“培养什么人”是相对稳定的，“如何培养人”是灵活多变的，就像一个人要去另外一个地方，为了实现这个既定目标，可以有很多种方式，可以坐汽车、坐火车，也可以坐船、坐飞机等等。所以，教育的根本性与相对稳定性在于其“培养什么人”，而其灵活性与复杂性在于“如何培养人”。围绕“培养什么人”，可以采取多种多样的方式方法，只要是对培养人才有效的方法，就都是好的教育教学方法。

新世纪以来，在经济社会发展的强劲需求、国家职业教育改革与发展政策的有力推进、职业教育战线上同志们的忘我工作下，我国职业教育事业蓬勃发展，无论是办学条件还是办学质量，都取得了令人瞩目的成绩。同时，我们也清醒地看到，职业教育在快速发展的同时，也存在着一些不容忽视的问题。其中，突出教学中心地位，不断提高人才培养质量，不仅是教育工作的永恒主题，也是当前职业院校改革发展中仍相对薄弱的环节，教学理念落后、教学效率不高、成效不明显等现象没有得到根本改观。或者说，对如何培养高素质的技术技能人才，虽然国家已经明确提出了“工学结合、知行合一”等基本理念，但实际执行效果仍不够理想。令人欣慰的是，很多职业教育一线工作者，对此看得比较清楚，保持了清醒的头脑，并且在实践中进行了大胆的探索。这本书就是在高职院校教学改革中结出的一颗果实，是对“如何培养人”这个问题的一种回答。书中聚焦课堂教学改革，同步推进课程改革，无异抓住了教育教学改革的“牛鼻子”！所倡导的“让每一堂课都有价值”“基于理解与实践的有效教学”“以学生的发展为中心”“教学做合一”“学思行合一”等理念，是在实践中总结出来的被证明行之有效的职业教育理念，这些理念有哲学、教育学、心理学等理论的支撑，既继承和发扬了我国优秀教育传统，又契合了当前世界职业教育发展的潮流，为我国职业教育的教学改革提供了一个视角，为职业院校提高人才培养质量提供了一条路径，是对“工学结合、知行合一”理念的具体探索和实践。书中强调，“教学有法，教无定法”，“有法”之“法”指的是教学的理念、原则，是必须要掌握和遵循的；“无定法”之“法”是指具体的教育教学方法，可百花齐放、丰富多彩，没有一种适合于所有课堂教学的普适性的模式或者方法，但贵在得法。所以，书中特别强调教学改革的“价值引领”，在先进教育教学价值引领下，具体的教学方式方法可以不拘一格，灵活多样。作者的这种认识，打破了一些人“一招吃天下”的惰性和惯性，为职业院校的教学改革打开了广阔的空间。更难能可贵的是，书中不仅有充分的理性分析，更有具体的实施路径、策略分析，提出了高职院校有效教学的基本特征、课堂基本结构、有效教学评价标准、对教师的基本要求等内容，同时，提供了大量可操作性比较强的具体方法、技巧、案例，使理论与实践相结合，更便于职业教育战线上同行们的学习、借鉴。

当然，书中有些论述较为单薄，比如对混合式教学模式的分析还不够透彻；有些表述也不够精准，希望作者在今后继续修订完善。瑕不掩瑜，作为职业教育一线工作者，有这样一份情怀和追求，是值得鼓励和支持的。

“让每一堂课都有价值”，应该成为每一名教师的不懈追求；“让每一名学生都得到更好的发展”，也应该成为每一名教育工作者的不懈追求！

是为序。

（作者为国家督学、全国高职高专校长联席会主席、天津职业大学原校长）

目　录

引　言

时间都去哪儿啦

“时间都去哪儿了，还没好好感受年轻就老了”，这是一首流行歌曲中的一句歌词，舒缓优美的旋律，特别是平实动人的歌词，使很多人都喜欢这首歌曲。

一天二十四个小时，时间对每个人都是公平的。但是，每个人单位时间内不同的生活或学习、工作内容，画出了一个个不同的人生轨迹，并且前面的时间安排，直接影响了后面的人生去向。

有一种理论或观点，叫“一万小时定律”。它的意思是，不管你做什么事情、从事什么工作，只要坚持一万小时，就可以成为该领域的专家。美国两本畅销书丹尼尔·科伊尔的《一万小时天才理论》与马尔科姆·格拉德韦尔的一本类似“成功学”的书——《异数》，其核心内容都是讲“一万小时定律”。为什么是一万小时？怎么计算出来的呢？格拉德韦尔通过心理学实验、社会学研究，对古典音乐家、冰球运动员的统计调查，研究得出，在任何领域取得成功的关键跟天分关系不大，只是练习的问题，需要练习一万小时：十年内，每周练习二十小时，大概每天三小时。20 世纪 90 年代初，瑞典心理学家安德斯·埃里克森在柏林音乐学院也做过调查，学小提琴的大约都从五岁开始练习，起初每个人都是每周练习两三个小时，但从八岁起，那些最优秀的学生练习时间最长，九岁时每周六小时，十二岁时八小时，十四岁时十六小时，直到二十岁时每周二十多小时，共一万小时。英国神经学家 Daniel Levitin 认为，人类脑部确实需要这么长的时间，去理解和吸收一种知识或者技能，然后才能达到大师级水平。顶尖的运动员、音乐家、棋手，需要花一万小时，才能让一项技艺至臻完美。并且他们通过分析比尔·盖茨、巴菲特、乔布斯、莫扎特、达·芬奇等名人成功的案例来进行佐证。

其实一万个小时还有另外一种表述方式，那就是“十年”。早在 20 世纪 90 年代，诺贝尔经济学奖获得者、瑞典科学家赫伯特·西蒙就和埃里克森一起建立了“十年法则”。他们指出：要在任何领域成为大师，一般需要约十年的艰苦努力。这也很容易让人联想到中国的古话“十年磨一剑”，都是同样的道理。

你把时间用在哪里，就在哪里收获。或者说，你的时间去了哪儿，你就去了哪儿。

充分利用时间，通过不懈的努力，人总能成长为他想成为的那个人。

但最基本前提是你确实充分利用了时间，并且在有限的时间里有效地做了有价值、有意义的事情。如果仅是在形式上占有了时间，只是浮浅地“掠过”时间，那就是自欺且欺人，虚度时光而已。

无用之用与全面发展

时间，能成就一切，也能消融一切。

在同样的时间里，有些人充实而有意义地存在，有些人漂浮而无所事事地虚度，有些人即便是忙碌着，也无所成就。

在有限的时间里，做有价值、有意义的事情，努力实践，有所作为，既充实了自己的人生，又为社会发展贡献了力量，这是一种有价值、有意义、有质量的存在。有人会说，不要那么急功近利，不要过度讲求实用主义，因为还有一种“无为之为”“无用之用”。但是，“无为之为”“无用之用”最终的落脚点不也是一种“为”和“用”吗，并且，有时这种“为”与“用”更有价值、更有意义，只是这种“为”与“用”形式有些隐蔽、过程有些长远、角度有所不同罢了。比如，有人说，学工科的学生读《红楼梦》有什么用？但从读过与没读过的人相比来看，也许有些人读过后，学会了写作，学会了表达，这是“有用之用”；也许读过的人看社会的眼光更为犀利，或者思想更为丰富，或者感情更为细腻，或者人格更为完善，或者锻炼了他的思维，这些一时都难以觉察，但又确实促进了他的发展，这就是“无用之用”，是一种更为深沉、更为长久的“用”。

教育，作为有着明确目标——促进人的发展和社会发展的一项事业，我们必须考虑它的投入与产生，必须首先重视它的发展质量和水平。教学，作为教育的中心工作，我们也必须考虑它的有效性。因为一个学生在学校的时间有限，我们必须在有限的时间里，促进学生获得更大的发展。当然，这个发展，是包括显性和隐性的发展在内的全面发展。

“让每一堂课都有价值”应该成为每个教师的追求。

浅说“钱学森之问”

2005 年，温家宝总理去看望我国著名科学家钱学森，钱老感慨地说：“这么多年培养的学生，还没有哪一个的学术成就能够跟民国时期培养的大师相比。”钱老又发问：“为什么我们的学校总是培养不出杰出的人才？”这就是“钱学森之问”。对这一道沉重而复杂的命题，教育界乃至社会各界给出了不同的理解与建议。作为高等职业教育工作者，我们可以从一个更具体、更细小的环节思考，在大学里，睡觉、玩手机、聊天屡见不鲜的低效甚至无效课堂，能培养出多少优秀或者合格人才？破解“钱学森之问”的难题，提高教学效率和效益是较好的切入点之一。

2017 年 9 月 15 日，第二届中国质量（上海）大会在上海开幕，国家主席习近平致贺信指出，质量体现着人类的劳动创造和智慧结晶，体现着人们对美好生活的向往。中华民族历来重视质量。千百年前，精美的丝绸、精制的瓷器等中国优质产品就走向世界，促进了文明交流互鉴。今天，中国高度重视质量建设，不断提高产品和服务质量，努力为世界提供更加优良的中国产品、中国服务。希望与会代表共同分析国际质量发展趋势，交流全面质量管理经验，推动质量基础设施互联互通，通过提高质量不断促进经济发展、民生改善，为各国人民实现对美好生活的向往作出贡献。

2014 年 9 月 15 日首届中国质量（北京）大会在人民大会堂召开，会议的主题是“质量、创新、发展”，国务院总理李克强出席会议并作重要讲话，提出社会进入“质量时代”的新概念，认为质量是国家综合实力的集中反映，是打造中国经济升级版的关键，关乎亿万群众的福祉，要求牢固确立质量即是生命、质量决定发展效益和价值的理念，把经济社会发展推向质量时代。想一下近几年地沟油、三聚氰胺等舆论热点，我们不难理解质量时代的要义。通俗地讲，质量时代，就是凭质量生存的时代，无质量不生存的时代。

职业教育的社会吸引力不高，其重要原因之一是教育质量还不能较好地适应社会的需求，而质量不高的主要原因，在于教学质量不高，在于课堂教学效率、效益不高。提高课堂教学的有效性，从而提高教学的有效性，是提高职业教育社会吸引力的最佳途径。

低效与无效劳动

付出了劳动，并不是都能有大的收获。经常看到或者听到：我们每年有大量专利审批，但真正投入生产的为数不多，很多是沉睡的专利；我们每年有海量的论文发表，但真正能有价值的并不很多，很多是沉睡的论文；有些人坚持健身，身体没锻炼好，反造成了一些伤害，这是无效的锻炼；有些人读书万卷，而依然头脑空空，无所长进，这是无效的读书；有的父母天天数落孩子，孩子没听进去多少，有时反而产生逆反心理，这是低效的家教；有的公务员天天加班，忙得团团转，但工作进展缓慢，这是低效的工作……

在高等职业教育领域，也存在这种现象。

当前，在社会需求持续旺盛、国家政策强力推进、职业院校锐意改革等外因、内因的综合作用下，高职院校的办学水平和质量稳步提升，对经济社会的服务能力和水平不断提高。同时，在快速发展的同时，有些领域的改革仍滞后于改革的整体进程，比如：存在于各类学校、职业院校中更为突出的学生学习动力不足、学习成效不明显、课堂教学活力不够、效率低下等问题依然没有得到明显改善。

有些高职院校，把更多的精力放在了应付各种评估、评审、创建、比赛等活动上，而没有按照各种活动设计的初衷去深入实施。比如，校企合作，是多年来在实践中探索出来经实践证明是行之有效的提高职业教育办学质量的一条重要途径，但有些职业院校却没有念好“这本经”，天天忙于与各个企业建立联系、签订合作协议，然后，就很少有后文了；其他很多活动也是如此。这样，便把大量的时间浪费在了本来重要且有意义，却因忙于应付、没有深入而变得低效的工作中去。相比而言，对教学的中心工作地位，大家认识比较一致，但很多职业院校也只是口头上重视，实际上忽视，用力不够；有些学校甚至仍停留在十几年前的教学传统上，没有明显改进。

低效与无效教学现象

在有些职业院校的课堂上，经常能看到以下现象：

现象一：有的学生压根儿没有学习。上课睡觉、玩手机、聊天，做与学习无关的事情……

现象二：有的学生表面上在学习，但效果不佳。老师让读文章他读了，但读过后根本没有理解文章的内容是什么；让回答问题也跟着回答了，但根本没有理解问题的实质和解决问题的要点是什么；老师让做什么动作也跟着做了，但并没有真正理解，让他自己做又不会做了……

现象三：有的学生学了，但不会应用。比如，学习了如何开关计算机，但具体开机关机时没有按照要求做；学习了如何按规定流程操作数控机床，但到机床前仍不敢动手；学习了工业机器人的维护维修技能，但工作中遇到具体问题时不知道如何去判断、分析、解决……

在高职院校课堂上，有多少课堂是在浪费学生的时间，也是在浪费老师的时间？因为单位时间内，老师所教不明，学生所得不多。有些课堂表面上看起来很热闹、气氛很活跃，师生的交流互动频繁，过后，却没有给学生留下多少知识、培养多少技能、提高多少素养。

以上教学，我们称之为低效甚至无效教学。

在校三年时间，一堂堂这样的课，能培养出多少高素质的技术技能人才？学生会有多少获得感？老师会有多少成就感？这都是值得我们思考的。

低效与无效教学是职业院校教学质量不高的原因之一，这个问题不好好解决，职业院校教学质量的提升将是一个无解之题。

一、研究综述

国外的有效教学研究

有效教学的思想由来已久，但其作为一个独立概念被提出，始于20世纪上半叶西方的教学科学化运动。教学是科学还是艺术，是教育理论界经常争论的一个问题。早期，大家普遍认为教学是一种艺术，要学会如何教学，主要是从经验中去学，从优秀教师那里去学，而不是从研究中去学。随着科学的发展，把教学作为一种科学并进行研究成为20世纪初期欧美教育革新运动中的重要内容，许多心理学家、教育家借用自然科学的手段和工具来研究教学问题，以寻求更为科学的教学方法，不断提高教学效率。现在，人们已经基本达成共识，认为教学是科学和艺术的辩证统一。

有效教学这一概念被提出后，就经常出现在英语教学文献中，受到研究者的高度重视，至今仍是教学改革与研究的热门课题。关于有效教学的研究取得丰硕成果。在英语国家，仅直接以“有效教学”为标题的论著就达250多部。西方对有效教学的研究较为系统、全面，在有效教学方法、有效的教学策略、有效教师、教师有效教学特征等方面都进行了较为系统、深入的研究与实践，并积累了丰富的经验和案例。

西方学者在有效教学的含义、特征、标准、策略等方面都进行了较为系统、深入的研究与实践。国外学者从不同的研究视角界定了有效教学的含义。梅德利(Medley)将有效教学界定为教师从事教学活动，能促使学生学习进步，以达到教学目标的结果；鲍里奇（Borich）认为有效教学就是教师精心安排五种关键教学行为和五种辅助教学行为，并把它们组合成富有意义的节奏和模式，在课堂上实现教学目标；Good 和 Brophy 也指出有效的课堂教学不只是学习科目内容，也涉及使学生学会独立自主、自我评价以及怎样与他人有效合作，使学生对自我进行深刻认识，对文化进行更好的理解，对公平、公正和道德意识进行认真探索和内化。在有效教学特征方面：Patrick 和 Smart 发现有效教学的三个核心特征得到广泛认可，即尊重学生，有能力为学生提供挑战，具备组织和语言表达能力。在有效教学标准方面：国外学者对有效教学标准的界定，主要以教师的教学行为为依据，从教学目标、教学内容、教学态度、教学环境、教学方法、教学活动、教学能力、教学反馈、教学组织与管理等几个方面详尽地阐释了有效教学的标准。国外学者主要从四个视角对有效教学策略进行研究。Stewart 从教学活动的过程角度认为有效教学的策略是：在上课之前，引导学生的思维贴近学习内容；给学生营造一个宽松、有趣的课堂氛围，在课堂上尊重学生表现出来的个人愿望，给每一位学生尤其是学业不良的学生多次尝试的机会，课堂评价要密切观察到每一位学生。罗森珊（Rosenshine）和史蒂文斯（Stevens）从课堂教学的流程探讨提出有效教学六类策略。Zemelman、Daniels 和 Hyde 从宏观视角进行研究，认为有效教学策略包括：以儿童为中心、有经验做基础、有反思、真实可信、具有整体性、与社会相协同、具有民主性、重视认知、关注学生发展、有建设性、使用心理语言学和有挑战性。

国内的有效教学研究

国外有效教学的研究成果可以为我国教学改革实践提供有益指导，有助于我国有效教学研究成果在理论上有所创新，又能真正服务于课堂教学，提高教学的效率和效益。

我国对有效教学的研究开始较晚，在20世纪90年代才逐渐被研究者所重视。以“有效教学”为主题词在“中国知网”上进行文献搜索，发表文献由1990年的370篇，到2000年的1649篇，到2005年的6528篇，到2010年的20163篇，再到2016年的32543篇，可以说有效教学在我国的研究与实践逐步引起人们的重视，大致经历了萌芽、发展、繁荣三个阶段。下图为“中国知网”上对“有效教学”（1990～2016年）学术关注度的可视化分析。

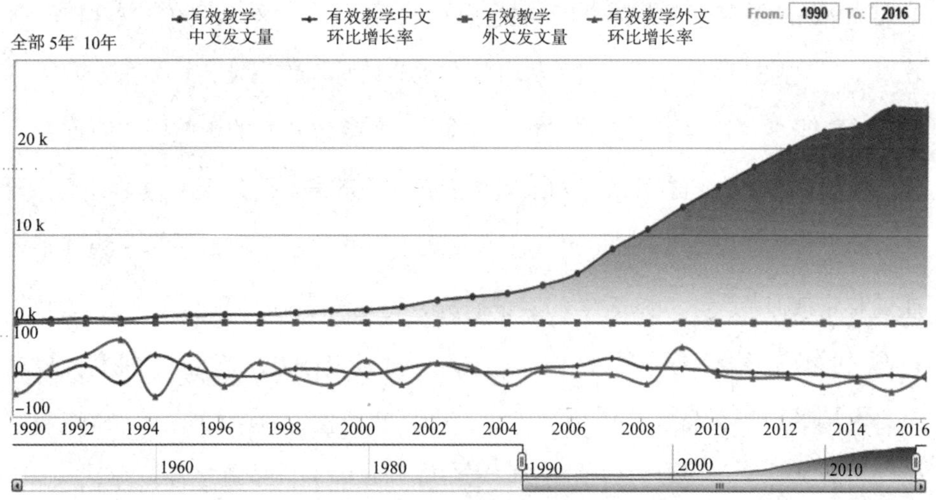

从研究内容看，我国学者对有效教学的研究成果主要集中在三个方面。一是理论引述，侧重于介绍国外在有效教学研究方面所取得的成果。二是本土化的理论解读与建构，主要是结合我国教育的国情，结合我国的教育文化对有效教学进行解读和对一些基本理论进行本土化的构建。三是实践研究，主要是对教学行为的有效性进行对比调查，有些学校已开始进行实践探索。从研究主体看，有效教学在中小学教师与研究者中受到推崇，然后一些大学教育研究者加入其中，可见，有效教学主要集中于普通教育领域。特别是随着普通教育课程改革的推进，有效教学受到更多的关注与重视，研究者在有效教学的内涵、影响因素、有效教学行为、基本规律、基本原则、评价标准等方面进行了大量基础性研究，取得一些有价值的研究成果。在有效教学的内涵方面：崔允漷教授把“有效”与“教学”两个词分开来理解。他认为：“所谓‘有效’，主要是指通过教师在一段时间的教学之后，学生所获得的具体的进步或发展。所谓‘教学’，是指教师引起、维持或促进学生学习的所有行为。”钟启泉教授认为，所谓有效教学，“主要是指有助于学生成长的教学”，“学生成长”成为公认的衡量教学成效的标准。刘良华从教师教学实践的角度分析有效教学的含义，认为“有效教学意味着教师能够有效讲授、有效提问、有效激励”。姚利民在其博士论文中从狭义教学与学生发展的角度，将有效教学的含义界定为合规律性，有效果、有效益、有效率。龙宝新从有效教学的自身结构出发，认为有效教学中的“效”即有“有效率、有效益和有效果”。在有效教学的影响因素方面：宋秋前教授认为，影响有效教学的因素包括教师的教学观念，课堂教学时间，教学与课程实施的纵向、横向、内向结构，教与学的方式和课堂管理。魏红等人通过对北京师范大学教师教学的实证研究，得出“教师对教学工作认真负责、有自己的教学风格和特点，是所有有效教学教师最基本的特征”。姚利民概括了有效教学的 9 个特征：正确的目标、充分的准备、科学的组织、清晰明了等。王淑芳等人在对有效教学影响因素研究的基础上，构建了有效教学的评估指标体系。

职业教育领域的有效教学研究与实践

在我国，对职业教育特别是高等职业教育领域的有效教学研究起步更晚，研究显得较为薄弱。以“高职＋有效教学”为主题词在“中国知网”上进行搜索，由 1995 年的 1 篇，到 2000 年的 9 篇，到 2005 年的 237 篇，到 2010 年的 1581 篇，再到 2016 年的 2607 篇，发表文献的数量呈明显上升趋势，但数量明显不多，说明有效教学还没有引起高职院校的足够重视。下图为“中国知网”上对“高职＋有效教学”（1990～2016 年）学术关注度的可视化分析。

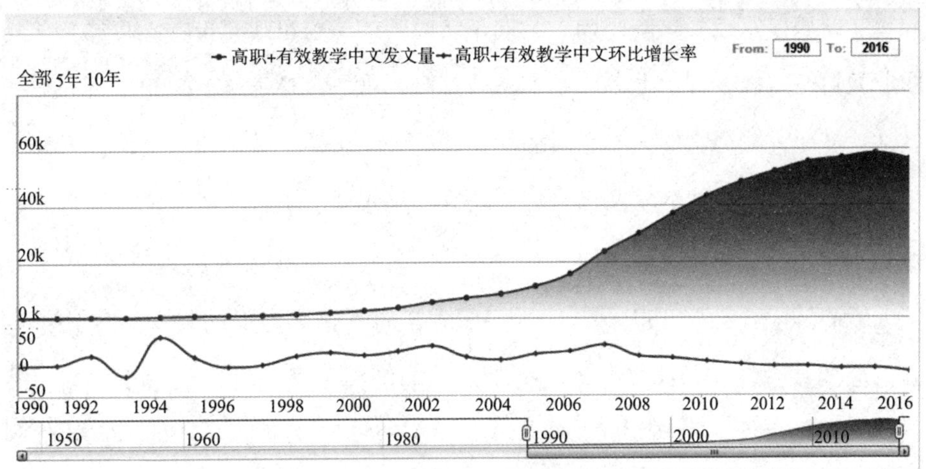

下图为在“中国知网”以“有效教学”和“高职＋有效教学”为主题所发表文献数量的对比情况：

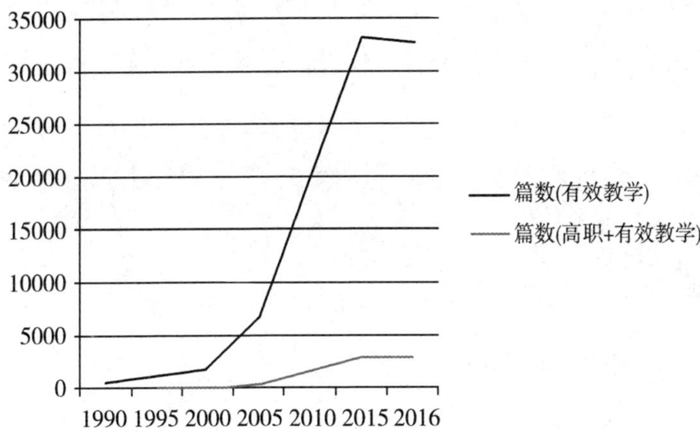

总体来看，对高职院校有效教学的研究重视程度不够高，研究文献数量明显偏少，还没有形成系统全面的理论体系和实践经验。从研究内容看，大量的研究是关于体育、思想政治教育、数学教学等具体课程的经验总结、实践研究，较为系统的研究还不多。彭四平教授从专业定位、课程体系及教学内容的制定、师资队伍建设、实践教学模式及人才培养评价机制创新等方面进行了基于“职业能力”的有效教学体系研究与实践探索。陈旭辉认为教学目标确定、课程组织实施和教学效果评价是三个决定课程有效教学的重要环节。杨延研究员从坚持质量改进与提高原则、全面系统原则和绩效原则的角度，研究了建立职业教育有效教学评价体系问题。从研究对象看，大多是从事职业教育的一线教师。从研究路径看，大多是对教学实践的经验总结。唐林伟博士从技术知识视角对职业教育有效教学路径进行了研究；马永祥、沈若冰从管理学视角对职业教育有效课堂建构进行了研究。

就高职院校教学现状看，由于高职教学有其诸多方面的特殊性，如：生源方面的特殊性，包括文化基础薄弱、学习能力不强、学习动力不足等；教学方面的特殊性，包括实践教学的重要性、专业设置的变动性等。这些特殊性因素，加上因近年来的大规模扩招，高职教师承担着繁重的教学任务，造成了高职教学低效乃至无效的情况普遍存在。对高职院校教学有效性的研究是现实之需，是提高高职院校办学质量和社会吸引力的关键举措之一。在教育教学实践中，很多高职院校进行了项目课程或基于工作过程系统化的课程改革，有些高职院校实施了以项目课程改革为主要内容的整体教学改革，对改变课堂教学现状进行了实践探索，取得了良好效果，为实施有效教学改革积累了经验。

综上所述，对有效教学的研究与实践，国外与国内以及国内普通教育领域与职业教育领域相比，前者比后者起步早，研究更系统，成果更丰富。我国高职院校对有效教学的实践逐渐增多，但理性的系统的研究尚不多见。本教学改革研究项目旨在借鉴国内外有效教学研究与实践的基础上，对高职院校实施有效教学的理论基础、基本理念、操作模式、实施途径、评价标准和办法等进行系统研究，并付诸实践，在实践中进一步丰富理论成果，进而推广实施。

二、高职院校教学现状分析

作为以人才培养为根本任务的高等职业教育，提高办学水平的关键在于提高教学质量，教学质量的提高，关键又在于课堂教学是否有效，同时，课堂教学质量的提升是以课程改革为基本前提的。所以，把以课程与课堂教学改革为核心的有效教学改革作为突破口，带动人才培养模式的改革，是提高高职院校教学质量、加强内涵建设的重要举措之一，是提高人才培养质量的关键举措。

课堂教学是人才培养的主渠道，课堂教学效率的高低直接影响人才培养质量的高低。总体来看，高职院校课堂教学水平逐年提高，特别是通过近年来国家示范校、骨干校、省示范校的建设，通过精品课程、信息化教学大赛等项目的拉动，各高职院校的办学条件得到明显改善，教学改革逐步深入，教学质量也明显提升。但同时，我们也应清醒地看到，人民群众对高职院校教学水平和质量还不十分满意，高职院校课堂教学中还部分存在着教与学的活力不足、效率不高等现象。

低效或无效教学分析

低效或无效教学的种种现象，从教学理论上来讲，主要反映了以下问题：

一是教学目标达成度不高。按正常的教学逻辑，当教学目标确立后，课堂教学就应当围绕如何实现教学目标进行设计和组织实施。但实际教学中，很多老师经常偏离甚至游离目标，没有从人才培养目标、教学目标出发备课，只是就教材教教材，认为只要认真地、从头到尾把教材教给学生，就完成了教学任务，就尽到了教师的责任；而较少考虑为什么要教这些，怎样教才能让学生学得更好，上完一堂课后学生会有什么收获，上完这门课后学生会学到什么，教完后有没有完成原来设定的人才培养目标和教学目标。如果每一个老师都对这些问题置之不理，只管教学，不管教学的成效，不管学生的学习成效，那么，学生毕业后，能否达到合格毕业生的标准，就是一个值得怀疑的问题了。偏离了目标方向的教学，大多是低效甚至无效的教学。

二是教学内容针对性不强。受传统的国家课程观影响，很多教师将课程、教材视为不能动的“国家文件”，不敢对课程设置进行优化改革，不敢对教材内容进行革新完善，认为那都是国家组织专家经反复研究确定的，总比个人的想法高明。而现在很多教材大都强调其普适性，不能很好地体现高职院校服务地方经济社会发展的需求，与地方经济社会发展需求存在或大或小的落差。即便现在有很多高职院校在有意识地加强课程改革，限于有企业一线工作经历的教师不多，对地方经济社会发展需求研究不够深入全面等因素影响，教学内容游离实际的现象还大量存在。

三是教学方法灵活性不够。教学方法是完成教学目标的具体方式、途径。评价一种教学方法好与不好的主要标准是看它是否能高效率、高效益地实现教学目标，是否能更有效地促进学生掌握知识、发展能力。而现实教学中，教师考虑更多的是如何教得更好，如何教得更有水平、更有艺术、更省心，而很少考虑这种教学方法是否更适合学生的认识水平和认识规律，是否能充分发挥学生的主体作用。当前，讲授法依然是很多教师常用的教学方法，这种方法对学科知识的掌握仍然是最有效率、成本最低的教学方法之一，却并不一定是最适应职业院校学生职业技能培养和职业素质养成的最适合的教学方法。正如余文森教授总结的“从教师教的方面看，无效、低效教学表现为注入式的教学”

"从学生学的方面看，无效、低效教学表现为学生缺位的教学"。

四是教学条件适应性不够。职业教育突出学生动手能力培养的特点，要求职业院校的办学条件要与经济社会发展一线的主流设备相匹配、甚至要超前些。但受职业院校办学历史、经费投入等因素影响，很多职业院校的办学条件远远落后于生产实际。在这种实训环境下培养出来的学生，毕业后要实现"零距离"就业，是很困难的。为解决这一问题，我们开出了加强校企合作，实现与企业资源共享的"药方"，这是德国职业教育的主要经验，也是我国近年来大力推广的一种办学模式，但目前来看，校企合作的广度和深度远没有达到预期目标，实现共享企业先进设备等优质资源的设想也会有很长的路要走。

针对以上现象，实现课堂教学的高效率、高效益就显得更为突出和紧迫。

三、高职院校有效教学的内涵研究

有效教学的悖论

从理论上讲，有效教学的提法本身是一种悖论。因为没有任何一种教学理论是以无效或者低效为研究旨归的，或者说，有效教学是隐含在教学理论之中的，任何教学理论都是研究如何进行有效教学的。夸美纽斯在《大教学论》的卷首页明确表示，写这本书的目的是用“一种简易而又可靠的方法”，阐明“把一切事物教给一切人们的全部艺术”，使得教员因此少教，但是学生可以多学。赫尔巴特基于心理学提出的明了、联想、系统、方法四阶段教学过程，也是为了更有效地实现教育目标而设计的。杜威“从做中学”的教学理念，也是为了改变当时以学科体系为中心组织教学超越了儿童经验，致使教学效率低下等现状提出的。可以说，每一种新的教学理念的产生，都是为了使教学更有效提出的。

从实践的角度来看，有效教学又是一个非常有价值的命题。因为教学理论来自教学实践，正是人们对有效教学的追求，对低效甚至无效教学实践的图变，才推进了教学理念的不断创新，进而推进了教学水平的提升与发展。当前，各界对有效教学的持续关注与研究，也从一个侧面反映了人们对优质教育资源的需求，和对存在着的低效甚至无效教学的不满。

什么是有效教学

有效教学概念的提出，是“教学是科学还是艺术”之争的产物。我们现在已经认识到，教学既是一门科学，也是一门艺术。但在以前，关于教学是科学还是艺术，曾引起了长时间的争论。在争论之前，人们普遍认为教学是一门艺术。随着现代科学的快速发展，人们就提出，教学也是一门科学。如果说教学是艺术，就强调老师个人的艺术发挥和创造，没有科学的、相对客观的标准对教学进行评价；如果说教学是科学，就要强调教学的科学性实施和科学性研究，或者说对教学有一定的科学、客观的标准进行评价。现在，人们普遍接受教学是科学与艺术的有机结合这一论断，于是，有效教学的概念便被明确提了出来。

对于有效教学，目前还没有形成统一的、被人们普遍接受的定义。综观国内外有关研究成果，更多的学者从这个概念的字面意思，沿用经济学上效果、效益、效率的概念来解释有效，整合教育学上教学的概念，认为有效教学是：有效果、有效益、有效率的教学。近几年，越来越多的学者从最终能促进学生全面发展的角度讨论有效教学，认为有效教学归根结底离不开有效地促进学生的全面发展；认为凡是能够有效地促进学生的发展，有效地实现预期的教学结果的教学活动都可以称之为有效教学。也有学者结合新课程改革的实施，突出三维目标的实现，将有效教学概括为：师生遵循教学活动的客观规律，以最优的速度、效益和效率促进学生在知识与技能，过程与方法，情感、态度与价值观“三维目标”等方面获得整合、协调、可持续的进步和发展，从而有效地实现预期的教学目标，满足社会和个人的教育价值需求而组织实施的教学活动。

综合以上专家学者的研究成果，笔者认为，有效教学是以促进学生的发展为目标，在遵循教学规律和学生成长规律的基础上实施的有效果、有效益、有效率的教学。通俗地讲，是“让每一堂课都有价值”的教学。

有效果的教学，主要是指教学产生的结果或成果。这种结果或成果，指向于学生的学，指向于学生通过教学、学习有没有得到发展或进步。有时听到有的老师讲“我按照人才培养方案要求，讲完这本教材了，完成教学任务了”，只考虑教，没考虑学，没有考虑学生的接受程度，没有考虑到通过课程教学，学生得到多少发展或变化，这是不重视教学效果的典型表现。

有效益的教学，主要是指教学的结果能为社会或学生所用，包含着是否有用的价值判断。指向于学生所学之用。有些老师讲“我教的课，学生考试全面过关，都已经学会了”，这只表明教学的效果不错，但不能说明教学的效益高。一方面，如果教的是无用的知识，学生学的是“屠龙术”，虽然学有结果，但是无所可用，这也是没有效益的教学；另一方面，如果教的是死知识，学生记住了、背过了，但不会用，这也是没有教学效益的表现。

有效率的教学，是指用尽可能少的教学投入获得尽可能大的教学产出。各级各类学校在校时间是一定的，要在一定的时间内完成教育目标，提高教学质量，就要讲求教学效率。一堂课也是如此，如果教学目标不能按时完成，就会挤占新的教学目标的完成时间。有些老师讲“我早晚会教会学生的”，这是没有教学效率观念的表现。同时，教学效率低下，也会提高教学成本，浪费学生时间，延迟教学目标的实现。

对教学的理解

对有效教学概念的理解，还需要交代一下本研究中对教学概念的理解。关于教学的定义，不同的研究者有不同的理解，并且汉语“教学”与英语“教学”的定义也有不同。在汉语语境中，大家一般比较认同“教学是教师的教和学生的学的统一的活动”的定义。但在日常运用和理解中，一般侧重于指教师的教的活动。在英语中，分别用“teach”和“learn”表示教与学的概念，教学就是“teaching”，主要指教师的教的活动。并且在一般的教育学著作中，教学理念一般指关于教师教的理论，另有学习理论来研究学生学的问题。鉴于与日常应用和理解的一致性，及与英语一般意义上的理解的一致性，本研究中所指教学，是指教师引起、维持或促进学生学习的所有行为，主要是指教师的教的活动——课堂教学。在高职院校，课堂教学的地点既可以发生在一般教室内，也可以是在理实一体化室内，还有很多是发生在实训场所内，我们都统称为课堂教学。

需要指出的是，在教学实践中，教与学是同一活动的两个方面，是不可分隔的。但在教学研究中，教与学是可以分别进行研究的，正如人的生理和心理是一个整体，统一于一个完整的人，但在理论上依然可以分别研究其生理、心理活动一样。需要强调的是，在本研究中，特别注重教与学的统一，因为有效教学的核心理念是“以学生的学习成效为中心”，是基于学生立场实施的教学，这将在后文有单独的论述。

高职院校有效教学的内涵

有效教学的关注点主要有三个：

一是目标指向：促进学生的发展。强调以学生为中心，强调以学生的学习成效为中心，强调以学生的发展为目标。这主要是针对教学实践中，有些教师以完成教学任务为目标，或盲目学习借鉴所谓先进模式经验，关注教学环节的完整、课堂气氛的热闹等，唯独不考虑学生学到了多少，使有些教学工作流于形式。

二是基本原则：就是要遵循教学规律。有效教学的上位概念是教学，在具体实施中就要遵循教学规律，不能做违背教学规律的事。比如，在教学实践中，有些教师不研究、照顾学生已有的知识水平，只是按照教材的章节顺序进行教学，没有遵循教学准备性原则，致使学生不能理解教学内容。

三是主要标准：强调教学要有效果、有效益、有效率。有效果强调结果，主要是学生学习的结果，学生发展的程度；有效益强调效用，主要是学生所学对社会需求的吻合度和贡献度；有效率强调过程，主要是指教学的成本，争取以最少的投入得到最大的产出。

高职院校以高素质技术技能人才为培养目标，要遵循职业教育教学规律，根据以上分析，高职院校有效教学的内涵可以表述为：以培养高素质技术技能人才为目标，在遵循职业教育规律的基础之上实施的有效果、有效益、有效率的教学。

四、有效教学的理论基础

哲学基础

有效教学是以促进学生的发展为目标指向，以教学的效果、效益、效率为主要目标的教学，所以，马克思关于人的全面发展理论、实践论是有效教学的重要哲学基础。

基于人的全面发展理论的有效教学

人的全面发展理论是马克思主义思想的重要组成部分，是指导我国教育工作的重要理论基础，也是指导大学生思想政治教育工作的重要理论基础。马克思关于人的全面发展理论的论述比较多，也比较分散。其要点有：

1. 强调“人”的终极目的性。人类的解放是马克思主义理论体系的出发点和落脚点，社会发展的核心是人的发展，马克思以人的解放程度与发展水平为依据论述了社会发展的三种形态，即“人的依赖关系（起初完全是自然发生的），是最初的社会形态，在这种形态下，人的生产能力只是在狭窄的范围内和孤立的地点上发展着。以物的依赖性为基础的人的独立性，是第二大形态，在这种形态下，才形成普通的社会物质交换，全面的关系，多方面的需求以及全面的能力的体系。建立在个人全面发展和他们共同的社会生产能力成为他们的社会财富这一基础上的自由个性，是第三个阶段”。基于以上思想，马克思批判了资本主义私有制所造成的对人的异化，认为资本主义生产“实际上只是用最大限度地浪费个人发展的办法，来保证和实现人类本身的发展”，认为共产主义社会是“以每个人的全面而自由的发展为基本原则的社会形式”。

2. 强调“全面”的发展。主要指人的能力的全面发展。“任何人的职责、使命、任务就是全面地发展自己的一切能力，其中也包括思维能力”“社会的每一个成员都能完全自由地发展和发挥他的全部才能和力量”；个人社会关系的全面性。“个人的全面性不是想象的或设想的全面性，而是他的现实关系和观念关系的全面性”。

实施基于人的全面发展理论的高职院校有效教学，在实践中，要重点把握以下两个要点：

1. 以学生为中心。这既是马克思人的全面发展中以人的发展为终极目的的必然要求，是科学发展观中“以人为本”理念的必然要求，也是以人的全面发展为目的的教育目的观的必然要求。高职院校在进行教学时，必须紧紧把握住：教学的对象是学生，必须了解学生的特点，增强教学的针对性；教学的目的是促进学生的发展，而不是单纯为了完成教学计划，不是单纯为了社会需求；教学的内容必须有利于促进学生整体素质的提高，必须满足学生发展成长的需求；教学的方式方法必须有利于学生的接受与内化，必须符合教学规律和学生成长规律。

2. 以促进学生的全面发展为目标。就教育的整体层面上来讲，是要促进学生德、智、体、美的全面发展，并且要把德育放在为首、为先的地位；就思想政治教育层面来讲，是要促进学生思想水平、政治觉悟、道德品质的全面提高，而不是仅指其中的某一方面；就学生个体层面来讲，是学生职业精神与职业能力的全面发展，是学生认知能力、思维能力、想象能力、意志力、专业能力、方法能力、社会能力等的全面发展。

◇ 小知识

关于马克思的人的全面发展学说的不同认识

（郑金洲，《教育通论》）

关于马克思的人的全面发展学说，20 世纪 50 年代起就引起了我国教育界的关注，并就马克思的人的全面发展学说的理念基础、含义、学科归属、现实性等问题展开了讨论。70 年代末至 80 年代末，这场争论进一步扩大化，直至今日，仍不绝如缕。

在关于马克思的人的全面发展的内涵上，至少出现了这样几种不同的认识：

1. “能力全面发展”说

该理论认为，马克思、恩格斯是在揭示大工业机器生产发展规律的基础上，建立“人的全面发展”这一科学概念的。因此，马克思主义的“人的全面发展”，指的是人的能力（主要是生产能力或能力，即智力和体力）广泛的、充分的、自由的发展。

2. “德智体全面发展”说

该理论认为，马克思主义“人的全面发展”概念不限于指人的体力和智力的发展，还包括思想道德品质的发展。这是因为马克思和恩格斯是从两个方面来考察人的全面发展的：当他们从作为生产力要素的人来考察其发展时，“人的全面发展”既指个人体力和智力的统一发展，又指个人在体力和智力上各自充分的自由的发展；当他们从作为一定社会关系的人来考察人的全面发展时，其含义则是个体在思想品质和精神状态方面的正常发展。

3. “多层次发展”说

针对多数研究者限于一个层次探讨“人的全面发展”的含义，有的研究者从多个层次考察其内涵。认为，“人的全面发展”有三个层次的涵义：第一层次是指人的心智的全面发展；第二层次是指人的身心全面发展；第三层次是指个体和社会协调统一、全面发展。

关于"多层次说"，还有这样一种观点，认为"人的全面发展"的含义具有两个层次三个方面的规定：第一个层次（第一个规定）是唤醒自然历史进程赋予人的各种潜能，使之获得充分的发展；第二个层次是人的对象性关系的全面生成（第二个规定）和个人社会关系的高度丰富（第三个规定）。所谓"人的对象性关系的全面生成"，就是人通过与世界多式多样的关系，全面地表现和确证自己本质的完满性，"不仅通过思维，而且以全部感觉在对象世界中肯定自己"。所谓"个人社会关系的高度丰富"，就是人积极参与各领域各层次的社会交往，同无数的个人，从而同整个世界的物质生产和精神生产进行普遍的交换，使个人摆脱地域和民族的狭隘性。"个人的全面性不是想象的或设想的全面性，而是他的现实关系和观念关系的全面性。"

基于实践论的有效教学

马克思主义哲学具有显著的实践性品质，劳动创造了人、社会生活在本质上是实践的、实践是检验真理的唯一标准等论点都强调了实践的重要地位。毛泽东同志为用马克思主义的观点揭露当时党内存在着的教条主义和经验主义，写下了《实践论》，深刻提示了认识与实践的关系。马克思主义关于实践的主要观点有：

1. 实践是认识的基础。实践的观点是马克思主义认识论首要的和基本的观点。在认识和实践的关系中，认识来源于实践，实践是认识的基础。在人的实践过程中，人们开始只看到事物的表面现象，是处于感性认识阶段，也就是只把握了事物的外部联系；随着实践的深入，认识也会进一步得到强化和概括化，就产生了概念，进而可以通过概念进行判断、推理，进入理性认识的阶段，这就是认识过程的第一次飞跃。总之，实践是促进认识产生飞跃的源泉和动力。

2. 实践是认识的目的。实现了实践的第一次飞跃后，人们再用获得的理性认识指导实践，并在实践中检验认识的真理性。马克思指出："哲学家们只是用不同的方式解释世界，而问题在于改变世界。"认识不是目的，认识的最终目的是更好地实践，改造主观世界和客观世界，从实践到认识，再从认识回到实践，这就是认识过程的第二次飞跃。总之，实践是体现和衡量认识价值的主要尺度。

实施基于实践论思想的高职院校有效教学，在实践中，要重点加强实践教学。要强调"教学做合一"的理念，在做中学，在学中做。因为高职院校的学生大多来源于普通高中毕业生中考试分数相对较低的学生，他们对理论学习的准备不够充分、学习的效率不够高。针对这种情况，在教学中就应适当减少传统的讲授式为主的教学方式，更加强调实践教学，突出学生的主体地位，引导学生在练习中、活动中理解知识、掌握技能。

教育学基础

一切教育学理论，都是关于如何更好地实施教育和教学，提高教育和教学的有效性，从而提高教育和教学质量的。所以，从广泛意义上来讲，有效教学的教育学基础来源于一切教育科学理论。

教育，是培养人的一种社会活动。教育的发展史，就是一部不断提高教学效果、效益和效率的历史。在远古时代，教育与社会生活、生产劳动浑然一体，主要通过言传身教的方式培养下一代；随着社会发展，生产生活经验不断丰富，人们掌握生产生活经验的程度不同，所教后代的水平不一；为提高教学的有效性，逐渐产生了独立的学校，专门从事教育工作；初始的学校教育，学在官府，以官为师、以吏为师，贵族子弟为学生，以讲授代代传承的管理经验、伦理知识、礼仪知识等为主；随着社会发展，一般百姓也有了越来越自觉和强烈的求学愿望，于是，产生了私学；教学中，为了解决教学内容的散乱、不成体系、不稳定的问题，产生了独立的课程，在有限的时间内，教给学生最有价值的知识，提高了教学的有效性；工业社会初期，为改变学徒制教学效率低下问题，产生了班级授课制，极大地提高了教学效率；后来，发现班级授课制不能充分照顾到每个学生，于是产生了小班化教学、个别化教学。所以，从教学的角度上来看，教育学不断发展的历史，就是不断提高教学有效性的历史。

同时，有些教育教学理论对高职院校的有效教学具有更为直接和现实的指导意义，需要强调一下。

基于教育与生产劳动相结合的思想的有效教学

马克思主义认为，劳动创造了人，“一个种的全部特性、种的类特性就在于生命活动的性质，而人的类特性恰恰就是自由的自觉的活动”，“自然界为劳动提供材料，劳动把材料转变为财富。但是劳动的作用还远不止于此。它是一切人类生活的第一个基本条件，而且达到这样的程度，以致我们在某种意义上不得不说：劳动创造了人本身”。劳动、实践创造了人，同时，劳动、实践也实现和完善着人的本质。基于此，马克思主义提出教育与生产劳动相结合的思想，其主要观点是：

1. 教育与生产劳动相结合是培养全面发展的人的唯一方法。马克思主义坚持认为没有劳动，社会和个人都不会存在，同样，没有劳动，社会和个人也不会得到全面发展。马克思从当时工厂制度中洞见了未来社会教育的要义，认为只有使教育与生产劳动紧密结合，才能发展人的全面性。“正如我们在罗伯特·欧文那里可以详细看到的那样，从工厂制度中萌发出了未来教育的幼芽，未来教育对所有已满一定年龄的儿童来说，就是生产劳动同智育和体育相结合，它不仅是提高社会生产的一种方法，而且是造就全面发展的人的唯一方法”。

2. 教育与生产劳动相结合是理论与实际相结合原则的具体体现。恩格斯强调，教育与生产劳动相结合是为掌握科学技术知识提供实践基础。列宁认为，“没有年轻一代的教育和生产劳动的结合，未来社会理想是不可能想象的：无论是脱离生产劳动的教学和教育，或是没有同时进行教学和教育的生产劳动，都不能达到现代技术水平和科学知识现状所要求的高度”。毛泽东同志提出理工科大学要建立自己的实验工厂，走在实践中成长的道路。他还强调文科不可能建立什么实验工厂，但要走“以社会为工厂”的成长道路。

实施基于教育与生产劳动相结合思想的高职院校有效教学，在实践中，要重点把握以下两个要点：

1. 坚持理论与实践相结合的原则。高职院校培养的是技术技能型人才，这类人才的特点是既有扎实的科学理论基础，又有娴熟的动手操作能力，也就是既有较强的理论水平，又有较强的实践能力。在教学中，就要既重视科学理论知识的学习，又要重视实践能力的培养，二者不可有偏颇。如果只重视科学理论知识的学习，忽视实践能力的培养，就失去了职业教育的特色，培养的是研究型人才，而不能培养出合格的技术技能人才；如果只重视实践能力的培养，忽视了科学理论知识的学习，就失去了高等职业教育“高”的特点，培养的是一线技能人才，也混淆了与中等职业教育的差异化发展。

2. 坚持工学结合的教学方式。工学结合，即在工作中学习，在学习中工作，是落实理论与实践相结合原则的重要路径选择，这是我国职业教育的经验和特色，也是世界职业教育发展的主要经验。从德国的“双元制”教育，到澳大利亚的“TAFE”人才培养模式，美国的“合作教育”，其本质都是一致的，就是追求工作与学习的有机结合，在工学结合中培养技术技能人才。我们强调的校企合作、订单培养、现代学徒制、集团化办学等，都有一个共同的追求，就是实现更大程度的工学结合，提高技术技能人才培养质量。这是提高职业院校教学效果、效益和效率的重要路径选择。

基于建构主义教学思想的有效教学

建构主义教育理论是当前主流教育理论之一。其流派众多、观点甚广，关于建构主义的教学思想主要集中在以下几方面：

1. 教学中强调教师的引导者身份和学生的主体地位。认为教师在教学中不能代替学生学习，要突出学生的主体地位，充分尊重并发挥学生的主体性，引领、指导学生积极主动地参与到教学过程中，教师是学生学习的引导者、辅助者或咨询者、学习资料的提供者。

2. 教师要善于激发学生建构知识。建构主义认为，知识是学习者主动建构、自我建构的结果，所以，就不能把教学当作是单纯地传授知识的过程，而是要作为一个能激发学生建构知识的过程。教师要引导学生积极主动地参与到学习中，既要善于创设问题情境，激发学生的认知、思考，又要积极引导学生开展互动交流，进行合作式学习。

3. 教学活动是过程与结果的统一。教学要关注结果，更要关注过程。特别是要关注教学中学生参与教学、积极思考、勤于动手、激烈讨论、合作学习等的过程。

实施基于建构主义教学思想的高职院校有效教学，在实践中，要突出学生的主体地位。柏拉图说过，教育的基本原理在于，使人们在孩提时代就建立起良好的思维体系。教育无需强迫，也不能强迫，更无法强迫。任何填鸭式的教育方式只会让人们头脑空空、一无所获。要转变传统上以教师为中心，以是否完成教学任务为单一目标的教学，为以促进学生的发展为目标，改变教师满堂灌的现象，加强师生交流，重视引导学生参与教学过程。教学中，强调学生思维能力与动手能力的培养，强调学生通过积极思维，将知识吸收、内化，与原有的知识相结合，丰富原有的知识体系，建构新的知识体系。

◇ 小知识

师生关系与学生行为

（郑金洲，《教育通论》）

类型	特征	学生的典型反应
强硬专断型	1. 对学生时时严加监视 2. 要求即刻无条件地接受一切命令——严厉的纪律 3. 认为表扬可能会宠坏儿童，所以很少给予表扬 4. 认为没有教师监督，学生就不可能自觉学习	1. 屈服，但一开始就不喜欢和厌恶这种老师 2. 推卸责任是常见的事情 3. 易激怒，不愿合作，而且可能会在背后伤人 4. 教师一离开课堂，学习就明显松垮
仁慈专断型	1. 不认为自己是一个专断独行的人 2. 表扬学生并关心学生 3. 他的专断的症结在于他的自信 4. 以“我”为班级一切工作的标准	1. 大部分学生喜欢他，但看穿他这套方法的学生可能会恨他 2. 在各方面都依赖教师——学生没有多大的创造性 3. 屈从 4. 班级工作的量可能是多的，而且质也可能是好的
放任自流型	1. 在和学生打交道中几乎没有什么信心，或认为学生爱怎样就怎样 2. 很难做出决定 3. 没有明确的目标 4. 既不鼓励学生，也不反对学生；既不参加学生的活动，也不提供帮助或方法	1. 不仅道德差，而且学习也差 2. 学生中有许多“推卸责任”“寻找替罪羊”“容易激怒”的行为 3. 没有合作 4. 谁也不知道应该做些什么
民主型	1. 和集体共同制订计划和做出决定 2. 在不损害集体的情况下，很乐意给个别学生以帮助、指导 3. 尽可能鼓励集体的活动 4. 给予客观的表扬与批评	1. 喜欢学习，喜欢同别人尤其喜欢同教师一道工作 2. 学习的质和量都很高 3. 互相鼓励，而且独自承担某些责任 4. 不论教师在不在课堂，需要引起动机的问题很少

基于实用主义教育思想的有效教学

西方学者把杜威的《民主主义与教育》和柏拉图的《理想国》及卢梭的《爱弥尔》并列，认为是三部不朽的教育瑰宝。《民主主义与教育》完整而又详细地阐释了实用主义教育思想。其中的教学思想主要体现在：

1. 儿童中心论。认为儿童是教育的出发点，教师要善于激发儿童求知的本性，激发儿童学习的兴趣，产生学习的自觉性和积极性，而不能强迫儿童去学习他们不理解从而没有兴趣的知识；认为不调动儿童内在动力而强迫灌输知识，无异于强迫没有眼目的盲人去观看万物，将不想饮水的马牵到河边强迫它喝水。强调要以“儿童中心”代替“教师中心”。

2. 教育即生活、生长和经验改造。认为生活和经验是教育的灵魂，离开生活和经验就没有生长，也就没有教育，认为脱离现实生活来孤立地和抽象地训练记忆力和思维力，正好像不饮不食而空着肚皮去训练力量那样荒唐。儿童最理想的学校不是书斋或学府，而是快乐的生活园地。

3. 强调从做中学。认为传统的教学是传授知识的工作，犹如从工具箱中取出锯子不是制造工具，仅从教师口中听到的知识也并不是真正获得的知识。应引导儿童在活动中得到经验和知识，在做中学。同时，他强调在活动中必须调动起儿童的积极思维，如果仅由教师命令儿童做什么活动，儿童呆板地执行，这也不过是肤浅的肌肉训练。教师应鼓励儿童在活动时开动大脑，积极思维，让活动成为智慧的源泉。

杜威的教育思想虽然在第二次世界大战后，遭到严厉的批判，认为他过分听任儿童的自由活动，而忽视了教师应有的主导作用，影响了对知识的系统性掌握。但是，实用主义教育思想仍有其合理的内容，值得我们学习与借鉴。实施基于实用主义教育思想的高职院校的有效教学，一是强调以学生为中心，二是加强实践教学，三是善于激发学生积极思维，引导学生参与到教学过程中。

◇ 小知识

杜威“做中学”教学过程的几个步骤

（袁振国，《教育原理》）

第一，学生要有一个真实的经验的情境——要有一个对活动本身感到兴趣的连续的活动；

第二，在这个情境内部产生一个真实的问题，作为思维的刺激物；

第三，他要占有知识资料，从事必要的观察，对付这个问题；

第四，他必须负责有条不紊地展开他所想出的解决问题的方法；

第五，他要有机会和需要通过应用检验他的观念，使这些观念意义明确，并且让他自己发现它们是否有效。

心理学基础

基于技术技能形成理论的有效教学

高职院校的人才培养目标是高素质技术技能人才。心理学意义上技术技能学习的思想，对我们开展人才培养有很重要的指导意义。在一般心理学中，一般只讲技能的学习，并且把技能分为动作技能与心智技能分别进行探讨。其基本观点有：

1. 基本概念。技能是指经过练习而获得的合乎法则的认知活动或身体活动的动作方式。技能按照其本身的性质和特点可以分为动作技能和心智技能两种。心智技能又称为运动技能或操作技能，是指由一系列的外部动作以合理的程序组成的操作活动方式。心智技能又称为智慧技能或智力技能，是一种借助于内部语言在人脑中进行的认知活动方式。

2. 动作技能形成的基本途径是练习。而并不是所有的练习都是高效率的，有几个环节要特别注意：教师对学生的指导与示范，以帮助学生掌握相关的知识背景，减少干扰，明确练习的目的和要求，增强练习的自觉性，通过教师示范帮助学生形成正确的动作印象，获得学习策略；加强练习，在练习时间安排上，要集中练习与分散练习相结合，并且研究表明，分散练习效果优于集中练习；提供练习反馈，让学生及时了解自己的练习情况和结果，以便及时调整，提高练习效率。

3. 心智技能的培养要根据其复杂程度不同采用不同的途径。对于复杂的由多种智力活动方式组成的心智技能，可以考虑采取部分到整体的训练方法；对于那些相对简单些的心智技能，可采用整体方法进行训练。学生的实践活动是心智技能形成和发展的基础，要积极创造应用心智技能的情境和机会。学生的心智技能的核心心理成分是思维，要注意培养学生良好的思维方法和思维品质，养成认真思考的习惯。

基于学习理论的有效教学

有效教学关注学生，关注学生的学，就要有科学的学习理念的指导。近年来，学术界对学习理念的研究成果丰硕。主要有以下观点：

1. 强调学习者的主动学习。认为能充分发挥学生积极主动性的学习，才会是有效率和效果的学习。在学生缺乏学习主动性时，单纯靠教师的传授、灌输，不会取得好的学习效果。

2. 强调已有知识的作用。与建构主义学者的观点相同，认为学习就是利用已有的知识建构新知识的过程。对已有知识的掌握、理解和灵活运用，是学习新知识的前提和基础。

3. 强调理解性学习。教师要把关注点放在学生对知识的理解上，而不能仅放在对教材的讲授、知识点的简单记忆上。只有学生理解了的知识，才能内化吸引到学生已有的知识体系，才能真正学到知识。

4. 强调通过实践进行学习。“学习金字塔”理论是一种现代学习方式的理论，强调通过实践进行学习的效果会更好，它是由美国学者、著名学习专家爱德加·戴尔于 1946 年首先提出，后来美国缅因州的国家训练实验室进行类似研究，也得出了类似结论。其主要内容是采用不同的学习方式，学习效果会有较大的不同：在两周后学生会记住老师讲授知识的 5%，会记住个人阅读知识的 10%，记住视听结合所学知识的 20%，教师示范所学知识的 30%，经讨论获得知识的 50%，实践练习获得知识的 75%，向其他人讲授或者立即运用所学知识，会获得所学知识的 90%。也就是说，学习效果较低的大都是被动的、个人学习，学习效果较高的大都是主动的、参与式学习。

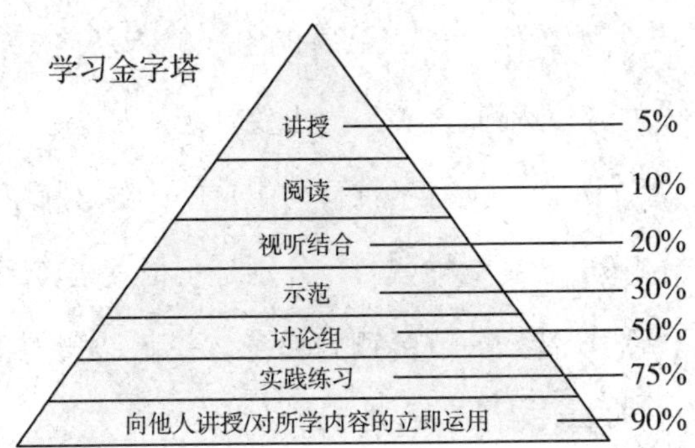

20 世纪 60 年代缅因州的贝瑟尔（Bethel）国家培训实验室研究发现

基于学习理论实施有效教学，要注意以下几点：

要引导学生有效参与教学过程。只有当学生真正融入教学过程，才能从中汲取更多的营养。那些只关注自己讲得如何，不注意引导学生参与教学过程的老师，很难保证教学的有效性。而虽然认真听课，但没有真正参与到教学过程中的学生，也不会实现学习效果的最大化。

要基于学生已有水平进行教学。同样的教学内容，对不同的学生群体，也应做出适当的调整。职业院校的学生有其独特的学习基础和学习习惯。教师应通过各种方式了解学生已有的基础，基于其已有的水平进行教学设计和实施。

要重视学生思维能力的发展。只有思维的积极活动，才能实现知识的内化和能力的提升，才能不断更新、建构自己的知识体系；没有积极的思维，学生很难将老师所讲的内容理解、消化、吸收，从而实现知识的掌握与能力的发展。

要通过实践学习。要引导学生在做中学，在学中做，学以致用，用以促学。学用结合是提高学习有效性的重要途径。

基于多元智能理论的有效教学

多元智能理论是由美国哈佛大学教授、当代世界著名的心理学家和教育家霍华德·加德纳在进行大量研究和实验后提出来的，以他 1983 年出版的《智能的结构》（也有译为《心智的结构》）为主要标志。加德纳认为，智力是以组合的方式进行的，每个人都是具有多种智力组合的个体。加德纳一开始提出人至少有七种智力，后来扩展到九种智力，分别是言语—语言智力、逻辑—数理智力、视觉—空间智力、音乐—节奏智力、身体—运动智力、人际交往智力、自我反省智力、自然观察智力、存在智力。

加德纳认为，每个人都不同程度地具有以上九种智力，只是由于其组织和发展程度不同，才表现出个体间的差异。每个学生都有自己的优势智力，学校里不存在差生，只存在优势智力领域差异的学生，适当的教育和训练能使每个人的智力发挥到更高的水平，使每个人都能成才。

基于多元智能理论的有效教学，就要树立学生人人有才、人人有能的思想，从学生智能结构的差异去理解学生个体的差异。针对具有不同智能结构、具有不同优势智力领域的学生，有针对性地采取恰当的教育方法，帮助学生树立信心，坚定理想，全面发展。对高等职业院校的学生而言，由于高考招生录取政策的导向，是高考中最后一批录取的学生，学习成绩相对较低，但这并不能说明学生其他方面的能力也较弱，他们中的很多人可能在逻辑—数理智力方面表现一般，但很多人在身体—运动智力、人际交往智力、言语—语言智力等方面可能具有突出的优势。在进行有效教学时，在认识学生、教育学生和评价学生时，必须对具有不同智能结构和类型的学生用不同的标准和观点去认识、衡量、考核，才更符合学生发展的实际，教育才更有针对性。

◇ 小知识

加德纳的八大智能领域

（肯尼斯·摩尔，《有效的教学策略：从理论到实践》）

智能	核心内容	教学活动
语言	使用语言（包括口头和书面）的能力；对词语及语言的发音、结构、意义以及功能的敏感度	拼词游戏、邮件讨论、集体朗读、卡片游戏、写日记以及上网搜索信息等
逻辑—数学	利用数学及数字的能力；对逻辑或者数字模式的敏感度以及对其进行辨析的能力；进行复杂推理的能力	解决问题、心算、分类、数字游戏、批判性思维、拼图等
空间	感知空间世界的能力；精确地感知视觉空间世界并能够对初始感知进行转换	视觉游戏，如平面造型艺术、心智图法、可视化、地图、图片、幻想游戏以及模型等
身体—运动	进行身体运动的能力；控制自身动作并熟练地操控物体的能力	需动手操作的活动、戏剧表演、哑剧表演、舞蹈、体育、触觉刺激类活动等
音乐	理解音乐内涵的能力，奏出并欣赏节奏、定调、音色；欣赏音乐的各种表现形式	歌曲教学、说唱、曲调学习、押韵、唱诵学习法、强化学习的能力等
人际关系	领会他人意思的能力；洞察他人情绪、脾气、动机以及预期的变化并做出恰当反应的能力	合作学习活动、主持讨论、参与社团、戏剧活动、社会活动、模拟活动等
内省	洞悉自我的能力；表达自身感受并区分自身各种情绪的能力；了解自身优缺点的能力	个别教学、阅读、写日记、独立学习、树立自信息的行为、游戏活动以及合作小组等
自然观察	了解自然的能力；辨别自然界物质的能力；能够识别植物群和动物群	与自然界以及生物科学相关的活动；探索自然以及研究自然物质等活动

五、高职院校有效教学改革的基本理念

一个人的所有言行背后反映着他的世界观、人生观、价值观。或者说，一个人的世界观、人生观、价值观，决定着一个人的言行习惯和特征。同样，不同教师有不同的教学风格、不同的教学选择，背后也反映着他的教育哲学观念、教育价值选择，虽然这些教育哲学观念和价值很多情况下是自发的、无意识的。所以，推进有效教学改革，关键是对有效教学理念的理解与实践，是在先进教育教学思想引领下进行的灵活实践，是价值引领下的个性化实践。

基于高职院校教学实际，结合以上理论基础分析，在借鉴国内外有效教学研究成果的基础上，提出高职院校有效教学的基本理念是“让每一堂课都有价值”，具体包括：

以学生的发展为中心；

基于理解的教学；

基于实践的教学；

教学做合一；

学思行合一。

推进有效教学改革，特别强调价值引领。因为，有效教学不是一种具体的教学模式、教学方法，它是一种教学思想，是在一种先进教育理念引领下的教学实践，是基于“价值引领”的教学。而有效教学的具体实践，对不同的课程、不同的老师、不同的学生，可以有不同的表现形式。

这种价值引领在高职院校有效教学改革中，最重要的就是要掌握有效教学的基本理念。其中，“让每一堂课都有价值”是有效教学理念的一般性概括，所谓“有价值”，指的是有意义，是对“有效”的质的表述。具体来讲，它的核心理念是突出“以学生的发展为中心”，它的基本逻辑起点：是基于理解的教学，是基于实践的教学，因为，通过对低效或无效课堂的分析，发现造成低效或无效的原因，主要是因为学生对所学内容不理解或者理解不到位，实践少或者实践不科学。只有能让学生理解的教学、能引领学生科学实践的教学，才能提高教学的效果、效益与效率，提高教学的有效性。这两个“基点”在教学中通过实践相互交织在一起。它的基本路径也有两条主线：对教师和学生来讲，是“教学做合一”，对学生来讲，是“学思行合一”，这两条主线在教与学的实践中通过“做”即“行”合为一体。综上所述，高职院校有效教学的理念，基点是“理解”“实践”，通过基于理解与实践的教学实现学生的发展，通过教学做合一、学思行合一，提高教学的有效性，促进学生的发展。所以，可以把高职院校有效教学的理念概括为基于理解和实践的有效教学。

高职院校基于理解与实践的有效教学理念可以用下图来表示：

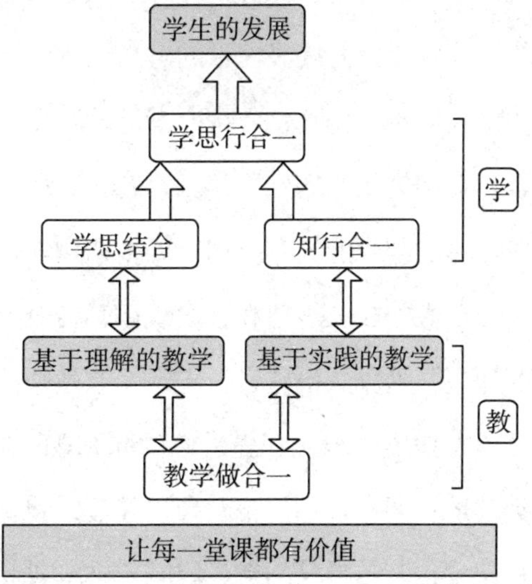

高职院校有效教学的核心理念是“以学生的发展为中心”

教育的核心理念是促进人的全面发展和促进社会发展

在教育发展史上，一直存在以人为本位和以社会为本位的教育价值取向，或者称为人本位的教育、社会本位的教育。从一般意义上来讲，教育确实有促进社会发展和促进人的发展两大重要功能。但是，我们要认识到，教育作为培养人的一种社会活动，其终极目的在于促进人的全面发展。一方面，教育对社会发展的影响和作用，主要是通过所培养的人的因素来实现的。另一方面，社会发展的最终目的也是为了人的自由而全面的发展。当然，我们还要认识到社会发展对教育的保障和促进作用，认识到社会发展对人的全面发展的保障和促进作用。人的全面发展与社会的发展相互影响，相互作用，相互促进。人的全面发展，是以社会的全面发展为条件的；社会的发展，也是以人的全面发展为条件的。所以，当前，我们特别强调教育促进人的全面发展和促进社会发展的辩证统一，在进行教育政策制定、推进教育发展的过程中，要充分考虑教育的这两方面的价值取向。所以，教育的核心理念是促进人的全面发展和社会发展，其中，促进人的全面发展具有终极性目的意义。

高职院校在统筹谋划学校工作时，要综合考虑教育促进人的全面发展和社会发展两方面的因素。在实施人才培养工作时，要认真研究社会发展需求，动态设置调整专业，使培养的学生能学有所用；要根据职业岗位需求，认真分析专业人才培养目标，结合人才成长规律和教学规律，校企合作制定人才培养方案；要注重加强“双师型”师资队伍建设，丰富专业教师的企业工作经历；要参照企业实际生产环境，按照实境化、先进性的原则加强校内实训基地建设，在企业建立校外实训基地；要重视加强校园环境建设，将行业、企业、职业文化引进校园、专业和课堂，营造良好的育人氛围。在推进科研工作时，要树立问题意识，以服务教学和服务社会发展为主题，加强与企业的合作，立足企业实际开展横向课题研究；要立足人才培养工作中发现的实际问题，加强校本研究。在加强社会服务工作时，要找准社会需求，有针对性地提高服务能力和水平，重点为企业解决生产中发现的产品研发、技术工艺改进、流程再造等实际问题。在进行文化传承与创新工作时，要立足当地，在传承传统文化的基础上，加强地域文化、职业文化的挖掘，形成育人合力。

高职院校有效教学的核心理念是以学生的发展为中心

美国教育专家威廉·威伦认为“当今的课程与教学改革主要强调发展学生的综合应用能力以及以学生为中心的教学模式”。课堂教学改革的出发点和归宿点都要落脚到学生的发展上，改变传统的以教师教得好与不好评价教师教学的水平和质量、评价课堂教学效果的模式，要以学生是否得到发展、发展了多少作为评价的核心指标。一堂课，无论老师讲得如何精彩、如何艺术，如果不能促进学生的成长与发展，也是一堂失败的课。

其基本内涵包括：一是发现学生。依据美国哈佛大学心理学家加德纳的多元智能理论，正确看待学生，树立基于多元智能理论的学生观，也就是要树立学生人人有才、人人有能的思想，从学生智能结构的差异去理解学生个体的差异。高等职业院校的学生，由于高考招生录取政策的导向，是高考中最后一批录取的学生，学习成绩相对较低，但这并不能说明学生其他方面的能力也较弱，他们中的很多人可能在逻辑—数理智力方面表现一般，但很多人在身体—运动智力、人际交往智力、言语—语言智力等方面可能具有突出的优势。在进行课堂教学改革时，在认识学生、教育学生和评价学生时，要对具有不同智能结构和类型的学生用不同的标准和观点去认识、衡量、考核，才更符合学生发展的实际，教学才更有针对性。

二是发动学生。我们已经进入信息化时代、网络化时代，适应时代的这个特征，传统的通过接受在学校有限时间、统一教学内容的教育，就可以适应未来职业生涯和所有变化的时代已经成为过去，终身学习和个别化学习成为教育发展的新趋势。这种变化带来了教学观和师生观的变化，教学中要求突出学生主体地位，重视学生的参与与体验，强调师生的互动与交流，引导学生、发动学生主动参与到教育教学中来。传统教育模式的错误之一就是强调被动学习，而不是鼓励学生积极主动地参与学习。要提高课堂教学的效率和效果，一定要发动学生，让每一个学生以不同的方式参与到教学全过程。

三是发展学生。以马克思关于人的全面发展理论为指导，树立全面的发展观，也就是要以促进学生的全面发展为教学目标。就教育的整体层面上来讲，是要促进学生德、智、体、美的全面发展，并且要把德育放在为首、为先的地位；就课堂教学层面来讲，是要理论与实践相交融，促进学生职业素养、职业技能的全面提高；是要从是否有利于促进学生全面发展为出发点设计教学，从是否有利于学生全面发展为标准评价教学。关键就是“让每一堂课都有价值”！

◇ 小知识

21 世纪的学习天平

（伯尼·特里林等,《21 世纪技能:为我们所生存的时代而学习》）

以老师为导向	以学生为中心
直接讲授	交互式学习
知识	技能
内容	过程
基本技能	应用技能
事实和原理	疑问和难题
理论	实践
课程	项目

续表

根据时间来安排	根据需求来安排
“万金油”	个性化
竞争型	协作型
基于课本	基于网络
综合测验	格式化评估
为学校而学	为生活而学

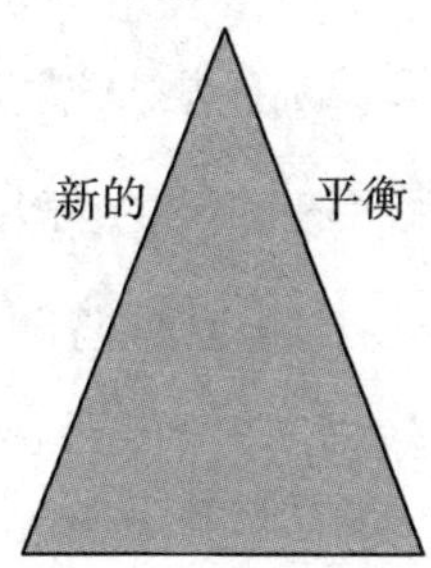

“以学定教”是实现以学生发展为中心的基本路径

以学生的发展为中心，绝不是否定教师及教的作用，主要是指教师要从学生的立场出发进行教学设计和教学实施，也就是“以学定教”。

“以学定教”包含两层意思：一是以学生已有的学习基础确定教学的内容；二是以学生的学习特点确定教学的方式方法。

教育的准备性原则认为，学生已有的概念、认知、经验等直接影响到他对新知识、技能的学习，学生是在他已有知识背景的基础上进行学习的。这也是被学习理论所证明了的。安德烈·焦尔当认为，“对学习者的先有概念的考虑必须成为一切教育计划的出发点”“人脑对外部世界的组织，其关键就在于认知结构和从环境中收集的信息之间持续不断的、多种多样的对话。”“原则上，学习是互动的结果。只有当我们在自身思维系统内对所知进行阐释时，我们才真的在学习。”也就是说，只有当学生与学习的信息、环境、资源等建立起充分的丰富的互动时，才会有好的学习成效。学习是一种积累，学生要通过自己已有的经验和知识储备去理解新知识和新技能。学习中，只有突破已有的经验和知识，才会有新的学习成效。而这种突破，是一种破旧立新、新增积累的过程，并且是在已有经验和知识的基础上进行的。破旧立新，不一定是推倒重来，对于同一概念、知识、信息，不同的学生、教师的理解会有不同，教学的意义就在于更多地为学生提供思维的新材料与新路径，引导不同知识背景的学生都能找到更便于自己理解的意义，这也是实现教学个性化发展的一种方式。同时，也会促进学生的创新意识、创新思维的发展。

高职院校的学生不同于其他高校的学生，教师应充分了解学生的年龄、生理、心理特征，了解学生的学习习惯。在此基础上，进行教学设计和实施，以适合这些学生的方式方法进行教学，才能实现“让每一堂课都有价值”的目标。

高职院校有效教学是基于理解的教学

基于理解的教学

学生并不是对教师教给他们的所有知识、能力都能理解，都能消化、吸收、运用，他们主要吸收他们能理解的知识。只有学生理解了的知识，才能更好地应用于实践中去，实现知识的迁移。约翰·D. 布兰思福特认为，“新的学习科学的特色就在于它强调理解性学习；将时间用于学会理解比仅用于简单记忆教材或讲授事实或程序会产生不同的效果；迁移受理解性学习程度的影响，而非仅仅靠记忆事实或墨守成规”；戴尔·H. 申克认为，“学习材料以学生能理解的方式加以呈现，这可以促进学习的高自我效能感”。经常听高职院校的教师报怨“学生听不懂，但不讲又不行”“学生基础太差，不可能从头补起”等等，然后不管学生是否能听得懂，就只管讲下去，完成已经备好的课，就结束了。这样的课程讲下来，不可能使学生有多少收获。知识的内化需要在使用中理解，技能的掌握需要在应用中理解，素质的养成需要在参与中理解，知识、技能和素质的培养需要在理解中进行。作为高职院校的教师，应该根据学生的实际情况，以学生能理解的方式，对教学内容和教学方法进行精心设计，使大部分学生都能学有所得。

“学思结合”是促进学生理解性学习的基本途径

曾经获得诺贝尔奖的神经系统科学家埃里克·理查德·坎德尔（Eric R. Kandel）在其著作《寻找回忆》（In Search of Memory）中提出，学习实际上是组成大脑的神经细胞发生一系列变化的过程。当某个细胞参与学习的过程时，这个细胞就会生长。这一过程与我们锻炼肌肉的过程虽不一样，但也大同小异。通俗来讲，“接受了教育”的神经元会长出新的突触——这个微小的附属物在神经元之间起到了传递信息的作用。如果活跃的突触数量增加，神经细胞在传递信息时的效率就更高。如果信息不断被传递到大脑的某片特定区域，就会在这片区域集合并被储存。如果我们从不同的角度对同一个概念进行学习并研究与其相关的问题，就能建立更多且更深层次的信息链接。这些信息链接和与其相关的内容交织，共同构成了我们日常所说的“理解”。

所以，理解性学习，不是机械学习，也不是无意义的学习，是对知识在“消化”基础上的“吸收”，不是“小和尚念经”有口无心的机械记忆，也不是“囫囵吞枣”不经“咀嚼”的“消化”。很多低效或者无效教学的原因，在于没有使学生真正理解知识。根据建构主义理论，学生只有把新学到的知识理解并吸收到自己原有的知识结构上，才能实现促进个人发展的目的。而实现对知识的“消化”“吸收”“理解”，重要的是要在学习的同时，进行认真的思考，真正理解所学内容，并内化到个人知识体系中。

“学思结合”是我国教育史上的优秀传统思想。孔子教育方法中最基本的原则是启发式教学，即“不愤不启，不悱不发，举一隅不以三隅反，则不复也”，其核心也是强调思考的重要性。这段话是讲，只有当学生认真学习并积极思考了，但还是想不通时，才给予启发，目的是启发学生的思考；当学生积极思考并有所得了，但还不很明确、不很彻底，难以表达出来的时候，才给予启发。比如讲到一个角的形状，如果学生不能据此思考、推知另外三个角的形状，就不必再重复讲解了。因为如果学生不积极思考，仅凭老师的讲解、灌输，是不能促进学生掌握知识的。所以，孔子的启发式教学，重在启发学生的思考。孔子的“学而不思则罔，思而不学则殆”，则进一步明确了学思结合的重要性。当然，思，必须是在学的基础上的思，“吾尝终日不食，终夜不寝，以思，无益，不如学也”。学习是思考的基础，思考是学习的深化，二者结合，才能实现对知识的深入理解，才能实现“让每一堂课都有价值”的目标要求。

高职院校有效教学是基于实践的教学

以需定教

有效教学的要求和内容来源于社会实践，具体来讲，来源于社会实践中的新需求。以需定教，包括两个方面：一是与社会需求紧密对接，二是与人的发展需求紧密对接。

职业教育是与市场对接最为紧密的教育类型，所以，要提高高职院校教学的有效性，其基本前提是实现与市场的紧密对接。“以需定教”，就是以社会需求确定高职院校的教学目标、教学内容和教学过程。《庄子·列御寇》中讲了这样一个故事：“朱泙漫学屠龙于支离益，单（通“殚”）千金之家（家产），三年技成，而无所用其巧（技巧）。”耗尽家产、历时多年学成“屠龙术”，却无用武之地，因为社会上没有这种需求。高职院校的教学也是如此，如果教学目标和教学内容脱离社会需求，所学无用，则与“屠龙术”无异。所以，有效教学要解决社会需求与教学的对接问题，主要是教学目标与岗位需求对接，教学内容与职业标准对接，教学过程与生产过程对接。

教育的最终目的是促进人的全面发展，在进行教学时，就要充分考虑学生的发展需求。当今社会是一个思想多元化、选择多元化的社会，学生的成长基础、环境各不相同，他们的发展需求也各不相同。进行教学设计时，就应充分考虑所教学生群体的共性需求，结合社会需求情况，尽量予以满足。对个别学生的个性化需求，可以通过选修课、社团活动等方式给予个别化的指导。

教学的实践性原则

马克思关于劳动创造了人、人的本质是其社会关系的总和、社会生活的实践性本质等的论断告诉我们，人的发展必须在实践中来完成。特别是技术技能人才的成长，强调学生动手实践能力的培养，更要强调教学的实践性原则。教学的实践性原则，一方面强调教学的内容源于实践，直接反映经济社会发展的需求；另一方面强调教学的方式方法要基于实践，在做中学、学中做，实现理论与实践的有机融合。高职院校教学的低效或者无效，有的源于低效或无效的教学内容，脱离实际的教学内容，即便学生学会了，毕业后也不能适应社会需求；有的源于低效或无效的教学方式方法，仍习惯于“黑板上开机器”，不能通过大量的实践强化学生动手能力的培养，造成学生毕业后“眼高手低”现象的发生。

“知行合一”是促进学生加强实践性学习的基本路径

实践性学习是培养技术技能人才的根本要求，根据技术技能形成的理论，加强练习、反复实践是形成技术技能的基本途径。高职院校教学低效或者无效的原因，一是不知故不能行，没有理解，没有学会，所以不知道怎么去做，也就不会做；二是知而不行，学了，也知道了，听起来懂，看起来会，但就是不会做或者一做就出错，这就是知而不能行。这都是在知行合一的某个环节上出了问题，导致不能达成学习目标。

“知行合一”也是我国的优秀传统教育思想。从孔子的“听其言而观其行”“君子耻其言而过其行”“敏于事而慎于言”，到荀子的“不闻不若闻之，闻之不若见之，见之不若知之，知之不若行之，学至于行而止矣”，明确提出“闻—见—知—行”的学习认知过程。《中庸》概括的“博学之，审问之，慎思之，明辨之，笃行之”，明确提出“学—问—思—辨—行”的学习认知过程，其实质是将学、思、行统一起来，形成了较为系统的认知理论。明代王阳明提出了“知行合一并进，不可以分为两节事”“知是行的主意，行是知的功夫；知是行之始，行是知之成”“知之真切笃实处便是行，行之明觉精察处便是知”。一直到近代黄炎培提倡的“理论与实际并行”“做学合一”“手脑并用”，再到陶行知的“教学做合一”“行是知之始，知是行之成”，都强调了知行合一的基本理念。

“教学做合一”与“学思行合一”

基于理解和实践的教学，从学的角度去考虑，就是“学思行合一”的教学。“知行合一”是实现高职院校有效教学的基本路径。“学思结合”是促进学生理解性学习的重要途径，“知行合一”是促进学生加强实践性学习的重要途径。而“学思”是“知”的重要途径，所以，可以将“学思结合”“知行合一”分别表述，也可直接表述为“知行合一”，为避免因过于简单化而产生误解，这里表述为“学思行合一”。

基于理解和实践的教学，从教的角度去考虑，就是“教学做合一”的教学。陶行知对此有比较精辟的论述：“教学做是一件事，不是三件事。我们要在做上教，在做上学。在做上教的是先生；在做上学的是学生。从先生对学生的关系说：做便是教；从学生对先生的关系说：做便是学。先生拿做来教，便是真教；学生拿做来学，方是真学。不在做上用功夫，教固不成为教，学也不成为学。”他用种田为例，说种田这件事是要在田里做的，便须在田里学，在田里教。游泳也是如此，游水是在水里做的事，便须在水里学，在水里教。“事怎样做便怎样学，怎样学便怎样教。教而不做，不能算是教；学而不做，不能算是学。教与学都以做为中心”。“教学做合一”的思想，是我国职业教育的优秀传统思想，是各级教育部门在职业教育领域大力倡导和推行的教学思想，也是提高高职院校教学有效性的基本思想和路径。

总之，强调“以学生发展为中心”，强调基于理解和实践的教学，强调“教学做合一”“学思行合一”，实现“让每一堂课都有价值”，是高职院校有效教学理念的基本概括。或者说，高职院校有效教学是强调学生学习与实践的教学，是通过学生学习、实践提高教学效果、效益和效率的教学。其中，“教学做合一”“学思行合一”是实现高职院校有效教学的基本路径。

六、高职院校实施有效教学的基本原则、途径和策略

实施有效教学的基本原则

实施有效教学改革要遵循一定的基本原则，主要包括：

一是整体性原则。有效教学改革主要包括教学内容、教学方法、教学手段的改革，要使改革取得成功，必须将课程改革、教学改革、师资培训、办学条件改进、教学资源建设等同步推进、整体进行。具体实施时，以课堂教学改革为切入点，同步实施课程改革，课堂教学改革和课程改革都要以师资培训先行，并贯穿始终；然后，根据两项改革的进程，同步推进办学条件的改善和教学资源建设。只有这样整体推进，才能使改革更系统、更彻底。如果就课堂教学改革而改革，往往会因受到课程、师资、条件等限制，难以推进。

二是灵活性原则。在推进有效教学改革中，要坚持“教学有法，教无定法”的原则。教学有法，是指无论如何改革都要能体现其“以学生的发展为中心”的核心理念；教无定法，是指在推进有效教学改革中，必须结合专业实际、课程实际、学生实际，创新性地采取多元化的教学方法，而不能搞“一刀切”。比如，有些课程可以实施任务驱动、项目导向的教学方法，有些课程可以采取案例教学方法，也可以采取角色扮演的教学方法等等；在同一门课程

中，也可以针对不同的内容采取不同的教学方法。

三是实践性原则。再好的改革设计如果不落实到教学实践中，都只是一纸空文，改革永远不会取得成功；再好的改革设计都会有不足，都需要在实践中去发现并不断完善。课程改革、课堂教学改革、师资培训等都必须具体可行，并扎扎实实地落到实处。在整体改革确定后，就要马上付诸实施，一边推进一边完善，绝不能等条件改善了，或师资水平完全提高了才去落实。实践性原则的另一层含义是，强调教学过程中的实践性，在活动中促进学生的成长与发展。

四是职业性原则。职业院校的教学改革必须渗透行业、企业因素，将行业标准和企业职业岗位需求、真实工作项目、工作任务、典型工作过程体现在课程改革中，纳入教学内容，落实到课堂教学过程中。同时，要将国际职业标准、国家职业标准、职业资格标准、国家及省职业院校技能大赛标准等内容渗透到课程和课堂教学改革中。

五是信息化原则。适应、跟进并充分利用现代信息技术，是当前世界各国推进教育教学改革的基本思路之一。信息技术的快速发展，提供了丰富的多媒体网络教学资源、虚拟生产训练场景，为自主学习、开放式学习、个性化学习提供了便利条件。当前在国内外各类教育中广泛运用的翻转课堂、慕课、微课等教学形式，为教学信息化建设提供了有益探索。推进课堂教学改革，必须充分利用信息化手段，实现信息技术与课程的整合、信息技术与课堂教学的整合。

有效教学改革的基本途径和策略

根据改革的整体性原则，关键在实行课程改革与有效教学改革同步推进，然后同步进行师资队伍、办学条件、信息化等建设。

根据实施教学过程的基本步骤，我们分别从教学准备、教学实施、教学评价三个方面，论述实施有效教学的基本途径和策略，以实现“让每一堂课都有价值”的目标追求。

教学准备阶段

凡事预则立，不预则废。作为一名优秀的高职院校的教师，在进入高职院校后、进入课堂前，应做好周密的教学准备工作，主要包括：了解学生、了解职业、课程改造、教学设计。

1. 了解学生。根据教学的准备性原则，要了解高职院校的学生对教师所教课程相关知识的掌握情况，了解其生理和心理特点，重点了解学生的个性心理特征、学习风格和学习习惯等。可采取个别访谈、召开座谈会、进行调查问卷等方式进行。

◇ 小知识

加德纳的多元智能理论

（陈琦等，《当代教育心理学》）

智力维度	界定	典型人群
语言智能 (linguistic intelligence)	对声音、节奏、单词的意思和语言的不同功能的敏感性	诗人、剧作家、新闻播报员、记者及演说家
逻辑—数学智能 (logical-mathematical intelligence)	能有效地运用数字、推理和假设的能力	科学家、会计师、工程师及电脑程序员
空间智能 (spatial intelligence)	能以三维空间的方式思考，准确地感觉视觉空间，并把所知觉到的表现出来。对色彩、线条、形状及空间关系敏锐	室内装潢师、建筑师、航海家、侦察员、向导、艺术家及飞行员
肢体—动觉智能 (bodily-kinesthetic intelligence)	能巧妙地运用身体来表达想法和感觉，能灵活地运用双手灵巧地生产或再现事物的能力	演员、运动员、舞蹈家、外科医生及手艺人

续表

智力维度	界定	典型人群
音乐智能 (musical intelligence)	能觉察、辨别、改变、欣赏、表达或创作音乐的能力	作曲家、乐师、乐评人、歌手及关于感知的观众
人际智能 (interpersonal intelligence)	善于觉察并区分他人的情绪、动机、意向及感觉，具有有效与人交往的能力	政治家、社会工作者及成功的教师
内省智能 (intrapersonal intelligence)	能正确建构自我的能力，知道如何利用这些意识察觉做出适当的行为，并规划、引导自己的人生	神学家、哲学家及心理学家
自然观察智能 (naturalist intelligence)	对生物的分辨观察力及对自然景观敏锐的注意力	考古学家、收藏家、农夫及宝石鉴赏家

要积极应用各领域较成熟的研究成果。在心理学领域，对学生进行学习风格的测试技术已经相对成熟，我们可以选择合适的量表来对学生进行测试，结合对学生平时的了解，更准确地把握学生的学习风格和学习特点。

◇ 小测试

所罗门学习风格测试

https：//wenku. baidu. com/view/54e59363966b48d7c1c74638. html

所罗门学习风格自测问卷表

不同的人有不同的学习风格，对别人来说是有效的学习方式，对你不一定适合，下面是一个了解自己学习风格的问卷，一共有44题，每个问题有A和B两个答案可供选择。请选出最符合你学习情况或兴趣的答案。

1. 为了较好地理解某些事物，我首先

A. 试试看　　　　B. 深思熟虑

2. 我办事喜欢

A. 讲究实际　　　　B. 标新立异

3. 当我回想以前做过的事，我的脑海中大多会出现

A. 一幅画面　　　　B. 一些话语

4. 我往往会

A. 明了事物的细节但不明其总体结构

B. 明了事物的总体结构但不明其细节

5. 在学习某些东西时，我不禁会

A. 谈论它　　　　B. 思考它

6. 如果我是一名教师，我比较喜欢教

A. 关于事实和实际情况的课程

B. 关于思想和理论方面的课程

7. 我比较偏爱的获取新信息的媒体是

A. 图画、图解、图形及图像

B. 书面指导和言语信息

8. 一旦我了解了

A. 事物的所有部分，我就能把握其整体

B. 事物的整体，我就知道其构成部分

9. 在学习小组中遇到难题时，我通常会

A. 挺身而出，畅所欲言　　　　B. 往后退让，倾听意见

10. 我发现比较容易学习的是

A. 事实性内容　　　　B. 概念性内容

11. 在阅读一本带有许多插图的书时，我一般会

A. 仔细观察插图　　　　B. 集中注意文字

12. 当我解决数学题时，我常常

A. 思考如何一步一步求解

B. 先看解答，然后设法得出解题步骤

13. 在我修课的班级中

A. 我通常会结识许多同学

B. 我认识的同学寥寥无几

14. 在阅读非小说类作品时，我偏爱

A. 那些能告诉我新事实和教我怎么做的东西

B. 那些能启发我思考的东西

15. 我喜欢的教师是

A. 在黑板上画许多图解的人 B. 花许多时间讲解的人

16. 当我在分析故事或小说时

A. 我想到各种情节并试图把他们结合起来去构想主题

B. 当我读完时只知道主题是什么，然后我得回头去寻找有关情节

17. 当我做家庭作业时，我比较喜欢

A. 一开始就立即做解答　　　B. 首先设法理解题意

18. 我比较喜欢

A. 确定性的想法　　　B. 推论性的想法

19. 我记得最牢是

A. 看到的东西　　　B. 听到的东西

20. 我特别喜欢教师

A. 向我条理分明地呈示材料

B. 先给我一个概貌，再将材料与其他论题相联系

21. 我喜欢

A. 在小组中学习　　　B. 独自学习

22. 我更喜欢被认为是

A. 对工作细节很仔细　　　B. 对工作很有创造力

23. 当要我到一个新的地方去时，我喜欢

A. 要一幅地图　　　B. 要书面指南

24. 我学习时

A. 总是按部就班，我相信只要努力，终有所得

B. 我有时完全糊涂，然后恍然大悟

25. 我办事时喜欢

A. 试试看　　B. 想好再做

26. 当我阅读趣闻时，我喜欢作者

A. 以开门见山的方式叙述

B. 以新颖有趣的方式叙述

27. 当我在上课时看到一幅图，我通常会清晰地记着

A. 那幅图　　B. 教师对那幅图的解说

28. 当我思考一大段信息资料时，我通常

A. 注意细节而忽视概貌

B. 先了解概貌而后深入细节

29. 我最容易记住

A. 我做过的事　　B. 我想过的许多事

30. 当我执行一项任务时，我喜欢

A. 掌握一种方法　　B. 想出多种方法

31. 当有人向我展示资料时，我喜欢

A. 图表　　B. 概括其结果的文字

32. 当我写文章时，我通常

A. 先思考和着手写文章的开头，然后循序渐进

B. 先思考和写作文章的不同部分，然后加以整理

33. 当我必须参加小组合作课题时，我要

A. 大家首先“集思广益”，人人贡献主意

B. 各人分头思考，然后集中起来比较各种想法

34. 当我要赞扬他人时，我说他是

A. 很敏感的　　　　　　B. 想象力丰富的

35. 当我在聚会时与人见过面，我通常会记得

A. 他们的模样　　　　　B. 他们的自我介绍

36. 当我学习新的科目时，我喜欢

A. 全力以赴，尽量学得多学得好

B. 试图建立该科目与其他有关科目的联系

37. 我通常被他人认为是

A. 外向的　　　　　　　B. 保守的

38. 我喜欢的课程内容主要是

A. 具体材料（事实、数据）　B. 抽象材料（概念、理论）

39. 在娱乐方面，我喜欢

A. 看电视　　　　　　　B. 看书

40. 有些教师讲课时先给出一个提纲，这种提纲对我

A. 有所帮助　　　　　　B. 很有帮助

41. 我认为只给合作的群体打一个分数的想法

A. 吸引我　　　　　　　B. 不吸引我

42. 当我长时间地从事计算工作时

A. 我喜欢重复我的步骤并仔细地检查我的工作

B. 我认为检查工作非常无聊，我是在逼迫自己这么干

43. 我能画下我去过的地方

A. 很容易且相当精确　　B. 很困难且没有许多细节

44. 当在小组中解决问题时，我更可能是

A. 思考解决问题的步骤

B. 思考可能的结果及其在更广泛的领域内的应用

活跃型/沉思型			感悟型/直觉型			视觉型/言语型			序列型/综合型		
问题	(a)	(b)	问题	(a)	(b)	问题	(a)	(b)	问题	(a)	(b)
1			2			3			4		
5			6			7			8		
9			10			11			12		
13			14			15			16		
17			18			19			20		
21			22			23			24		
25			26			27			28		
29			30			31			32		
33			34			35			36		
37			38			39			40		
41			42			43			44		
总计			总计			总计			总计		
(较大数—较小数)+较大数的字母											

所罗门学习风格分析表

1. 在上表适当的地方填上“1”(例:如果你第3题的答案为a,在第3题的a栏填上“1”;如果你第15题的答案为b,在第15题的b栏填上“1”)。

2. 计算每一列总数并填在总计栏地方。

3. 这4个量表中每一个,用较大的总数减去较小的总数,记下差值(1到11)和字母(a或b)。例如:在“活跃型/沉思型”中,你有4个“a”和7个“b”,你就在那一栏的最后一行写上“3b”(3=7−4,并且因为b在两者中最大);又如若你在“感悟型/直觉型”中,你有8个“a”和3个“b”,则在最后一栏记上“5a”。

解释:每一种量表的取值可能为11a、9a、7a、5a、3a、a、11b、9b、7b、5b、3b、b中的一种。其中字母代表学习风格的类型不同,数字代表程度的差异。若得到字母“a”,表示属于前者学习风格,且“a”前的系数越大,表明程度越强烈；若得到字母“b”，表示属于后者学习风格，且“b”前的系数越大，同样表明程度越强烈。例如：在活跃型/沉思型量表中得到“9a”，表明测试者属于活跃型的学习风格，且程度很强烈；如果得到“5b”，则表明测试者属于沉思型的学习风格，且程度一般。在视觉型/言语型量表中得到“a”，表明测试者属于视觉型的学习风格，且程度非常弱；如果得到“3b”，则表明测试者属于言语型的学习风格，且程度较弱。

1. 活跃型与沉思型

活跃型学习者倾向于通过积极地做一些事——讨论或应用或解释给别人听来掌握信息。而沉思型学习者更喜欢首先安静地思考问题。

“来，我们试试看，看会怎样”，这是活跃型学习者的口头禅。而“我们先好好想想吧”是沉思型学习者的通常反应。活跃型学习者比倾向于独立工作的沉思型学习者更喜欢集体工作。每个人都是有时候是活跃型，有时候是沉思型的，只是有时候某种倾向的程度不同，可能很强烈或一般，抑或很轻微。

2. 感悟型与直觉型

感悟型学习者喜欢学习事实，而直觉型学习者倾向于发现某种可能性和事物间的关系。

感悟型的不喜欢复杂情况和突发情况，而直觉型的喜欢革新不喜欢重复。感悟型的比直觉型的更痛恨测试一些在课堂里没有明确讲解过的内容。

感悟型的对细节很有耐心，很擅长记忆事实和做一些现成的工作。直觉型的更擅长掌握新概念，比感悟型的更能理解抽象的数学公式。感悟型的比直觉型的更实际和仔细，而直觉型的又比感悟型的工作得更快更具有创新性。

感悟型的不喜欢与现实生活没有明显联系的课程；直觉型的不喜欢那些包括许多需要记忆和进行常规计算的课程。

每个人都是有时是感悟型的，有时是直觉型的，只是有时候其中某一种的倾向程度不同。要成为一个有效的学习者和问题解决者，你要学会适应两种方式。如果你过于强调直觉作用，你会错过一些重要细节或是在计算和现实工作中犯粗心的毛病。如果你过于强调感悟作用，你会过于依赖记忆和熟悉的方法，而不能充分地集中思想去理解和创新。

3. 视觉型与言语型

视觉型学习者很擅长记住他们所看到的东西，如图片、图表、流程图、图像、影片和演示中的内容，言语型学习者更擅长从文字的和口头的解释中获取信息。当通过视觉和听觉方式同时呈现信息时，每个人都能获得更多的信息。

在大学里很少呈现视觉信息，学生都是通过听讲和阅读写在黑板上及课本里的材料来学习。不幸的是，大部分学生都是视觉型学习者，也就是说学生通过这种方式获得的信息量不如通过呈现可视材料的方法获得的信息量大。

4. 序列型与综合型

序列型学习者习惯按线性步骤理解问题，每一步都合乎逻辑地紧跟前一步。综合型学习者习惯大步学习，吸收没有任何联系的随意的材料，然后突然获得它。

序列型学习者倾向于按部就班地寻找答案；综合型学习者或许能更快地解决复杂问题或者一旦他们抓住了主要部分就用新奇的方式将它们组合起来，但他们却很难解释清楚他们是如何工作的。

许多人读到这段描述会错误地认为他们是综合型的，以为每一个人都有恍然大悟的经历。序列型学习者可能没有完全了解材料，但他们能以此做些事情(如做家庭作业或参加考试)，因为他们掌握的材料是逻辑相连的。另一方面，那些缺乏顺序思考能力的极端综合型学习者即使对材料有了大概的了解，但可能对一些细节还是很模糊，而序列型学习者能对主题的特殊方面知道许多但联系到同一主题的其他方面或不同的主题时，他们就表现得很迷茫。

2. 了解职业。教师要非常清楚地知道本专业人才培养的目标，知道所培养的学生毕业后的主要工作去向，非常熟悉所教课程对应的主要职业岗位或技术标准。按照要求，职业院校的教师要定期到企业进行顶岗锻炼，目的就是提高教师对行业、企业、职业和岗位的熟悉程度，提高教学的针对性。

行业探索

行业是社会分工的大类，是相关职业的集合。通过对行业的发展现状和趋势进行探索，能更好地掌握行业所涵盖的各职业的发展方向和侧重点，并能通过对行业内相近职业的对比分析了解某一职业与其他相近职业的细微区别。通过对行业的探索、了解，能使教师在更大范围、更宽视野上审视所教课程。

对行业进行探索，主要了解以下内容：

该行业主要包含哪些职业？各职业之间的区别主要是什么？

该行业在世界、全国、全省、地方的发展现状如何？发展前景如何？

该行业在国内外的最著名公司的基本情况。

该行业领域内国内外最有成就的人物的基本情况。

该行业对从业人员的知识、能力、素质要求是什么？

我国的政府有关部门或行业协会、第三方机构每年都会对行业进行分析、总结、展望，这些都是了解行业的可靠资料。

职业探索

职业是一个人所从事的具体工作的种类。教师通过对职业的探索、了解，可以准确把握所教学生的职业面向、职业要求，增强教学的目的性和针对性。实践中，可通过资料搜集法、人物访谈法、顶岗实践法等形式对职业进行探索，主要了解有关职业的以下内容：

该职业的基本情况，包括职业名称、产业和行业归属、基本内涵等。

该职业在世界、全国、全省、地方的发展现状如何？发展前景如何？

从事该职业的国内外最著名的人物及其所属公司的基本情况。

该职业的主要工作内容和工作环境。

该职业对从业人员的知识、能力、素质以及学历、职业资格、身体条件等方面的要求。

该职业所对应的职业资格标准有哪些，具体内容是什么？

该职业目前国内外最先进的技术有哪些？

从事该职业的工资待遇等的情况。

从事该职业的主要风险是什么？

岗位探索

岗位是用人单位根据工作实际需要而设置的工作位置。岗位一般与单位员工数量相对应，有多少岗位就应该配备多少员工。作为职业院校的教师，要了解学生毕业后可能从事岗位的基本情况，重要的是了解岗位所需要的主要技术技能标准要求，了解岗位的主要工作任务和工作流程，增强教学的有效性。主要了解以下内容：

该岗位的现状如何？发展前景如何？

该岗位对从业人员的基本要求有哪些？包括学历、职业资格、知识、能力、素质等方面的要求。

该岗位的技术技能标准是什么？

该岗位的主要工作任务和工作流程是什么？

从事该岗位的著名人物及其所属企业基本情况。

该岗位最先进的技术是什么？

该岗位从业人员的晋升渠道及要求。

3. 课程改造

实现“让每一堂课都有价值”的目标要求，首先要保证教学内容有价值。与基础教育对教材的选用不同，高等职业院校对教材的选择和使用有更大的灵活性。各高职院校可以选择现有的符合课程改革方向、适合本校专业和学生实际的项目化教材、模块化教材或其他优秀教材；也可以根据本校实际，以已选用的教材为基础，结合企业生产实际，对课程进行大胆的优化改造。其中，较为典型、应用较多的是对传统课程进行项目化改造，即项目化课程改造。

项目化课程改造

项目化课程改造的主要思路，是将原来按学科逻辑体系编排的课程，根据实际工作过程，进行基于典型工作任务的项目化、模块化课程改造，是按照行动逻辑对课程内容进行重新编排。按学科逻辑体系编排的课程，是基于学科知识分类的，其特点是知识较为系统、教学成本低、教学效率较高，教师能够在较短的时间内向学生传授更多的知识；其不足是，要求学生在学习前要有较扎实的基础知识，有较强的学习理解能力。按行动体系编排的课程，是基于实际工作任务的，其特点是教学内容贴近实际、便于学生接受，学生毕业后能直接运用所学内容上岗工作；其不足是，知识的系统性不够，不便于实现学生对知识和能力的迁移。

为什么进行项目化课程改造？主要起因是高职院校的学生学习基础普遍较差，对按学科逻辑体系编排的课程学起来较为吃力，课堂教学有效性较差，往往老师辛辛苦苦教一个学期下来，学生所学不多。而高职院校的学生有其自身特点，大多有较强的动手实践能力，运用项目化课程进行教学，能发挥高职院校学生的优势，便于激发起他们的学习热情和动力，提高教学的有效性。

对课程进行项目化改革，也是世界职业教育课程改革的一个主要趋势，已经被国内外实践所证明，是较为有效的教学改革。

◇ 小知识

课程模式对比

（肯尼斯·摩尔，《有效的教学策略：从理论到实践》）

以学科为中心的课程	以学生为中心的课程
专注于学科内容	以学习者需求为中心
以学科为中心	教师合作决定学科内容
教师课前准备学科内容	强调因材施教
强调事实、知识和信息	强调技能的培养
总体上为低层次学习	强调学习的现实意义
强调知识讲授的统一性	强调使用间接策略
强调直接策略	

课程改造的基本理念

课程改造的基本理念，或者说其核心要素是：能力目标、素质渗透、项目载体、成果检验。

能力目标，即突出技术技能型人才培养目标，根据职业岗位需求，基于典型工作过程、工作任务或工作项目，重新建构课程体系，重新编排课程内容；对专业课程而言，鼓励推进突出能力培养的项目课程改革。

素质渗透，即在课程体系构建中，要加强思想政治、人文素质等课程建设；在专业课程改革中，要渗透职业素养教育内容；在思想政治教育、人文素质等课程建设中，要突出价值引领、健全人格的教学目标。

项目载体，是指在每门课程，特别是专业课程建设中，要体现职业性原则，根据课程所对应职业岗位的典型工作过程、工作任务或项目，以项目、任务为载体整合课程内容。

成果检验，是指进行课程评价时，要以实际作品、产品作为课程结束时的主要评价依据；在每一个教学项目、教学任务结束后，也要以具体的作品、产品为评价对象；同时，要根据课程实际，将职业资格证书获取情况、各级职业技术大赛获奖情况，作为课程评价的主要内容之一，以促进课程建设。

课程的整体教学设计

项目化课程改造重点是对一门课程进行整体教学设计。课程整体设计要保证在现有教学条件（实验实训条件、师资队伍等）下能够顺利实施，避免不顾本单位实际，进行完全理想化的教学设计。整体教学设计包括以下主要内容：

明确课程定位（性质与作用)：结合专业定位、专业人才培养目标和生源情况，分析本课程的性质、对学生职业能力培养和职业素养养成所起的作用、先修课程与后续课程的衔接和配合等。

确定课程设计的理念与思路：主要说明课程设计遵循怎样的职业教育理念(如①职业活动导向；②突出能力培养；③项目载体；④以工作任务训练职业岗位能力；⑤以学生为主体；⑥理论实践一体化等等)，按照怎样的思路进行设计。

明确课程教学目标：以能力培养为核心，明确课程教学目标，包括能力目标、知识目标、素质目标。课程教学目标必须与专业人才培养目标相一致，要能有效支撑起专业人才培养目标。

优化教学内容：

(1）课程内容设计

根据行业企业发展需要和完成职业岗位实际工作任务所需要的知识、能力和素质，参照相关职业资格标准选取教学内容，从“以知识为逻辑线索组织教学内容”转变为“以职业活动、工作过程为导向组织教学内容”，并为学生可持续发展奠定良好的基础。

(2) 能力训练项目设计

能力训练项目设计要以职业能力培养为导向，以职业岗位的实际工作项目、任务、案例等为载体；选择的项目要具有实用性、典型性、覆盖性、综合性、趣味性、挑战性、可行性等特点，项目、任务等编排合理，递进训练，层次清晰。

教学过程设计：以激发和调动学生的学习动力为前提，围绕能力目标的实现组织教学；教学内容的组织与安排遵循学生职业能力培养的基本规律，能力训练过程设计合理，引导学生积极思考、参与实践；根据课程教学目标、内容需要和学生特点灵活选用案例法、小组讨论法、展示法、启发式、角色扮演、教学做一体等多种合适的教学方法，突出教学过程的实践性、开放性和职业性，实现“做中学、做中教”；合理运用多媒体和虚拟现实等现代教育技术，优化教学过程，提高教学质量。教学进度表设计以每一次课为单位，能从进度表中看出整门课程的设计步骤和思路。

课程考核方案设计：积极进行考核方式方法改革，体现全面考核、过程考核、综合评价；考核项目应涵盖学生的能力、知识和态度，突出能力考核；各项考核项目分值合理，比例适当，并关注学生受益面的大小。

现有校内外实践教学条件分析：分析现有的校内外实践教学条件，说明如何利用现有条件进行教学，并提出下一步校内外实践教学条件建设的思路。

确定教材、资料：教学文件资料齐全；选用高职高专规划教材或与行业企业共同建设的教材、开发的实训项目；网络教学资源丰富，架构合理，能有效支持课堂教学和课后学习，实现资源共享。

(3) 教学设计

有些老师认为，只要认真备好课，按照教案认真上好课，学生的学习效果应该就很好，如果有些学生没学会，那是学生基础太差，或者学生学习习惯不好，上课没有好好听讲，不是老师的责任。这种想法是错误的。固然有高职院校的部分学生学习基础差、学习习惯不好、上课不好好听讲等现象，但作为老师，应该针对学生这些情况，有针对性地进行教学设计，提高教学的有效性，促进每个学生的发展。

在教学设计中，要摒弃两种观点：一是认为没有必要进行教学设计，按照教材讲就是，甚至有的老师照本宣科，完全没有教学设计的影子。二是认为能找到一种放之四海而皆准的教学模式，可以以不变应万变，应用于任何一堂课的教学中；特别是受一些专家学者的误导，认为找到了一种模式或者方法，能解决所有的教学问题。第一种观点自然是不正确的，相信大部分老师也不认为其正确，之所以仍有部分老师在那样做，是因为个别老师缺乏基本的教学知识和能力，或者是惰性使然。第二种观点，也是不现实的。因为不同的老师有不同的个性特征，面对不同的学生，针对不同的课型，不会有一种万能的教学模式存在的。这就需要教师根据课程内容、学生特点、教学规律等进行教学设计。

“教学有法，教无定法”，教学有法之“法”，是指教学的基本原则、基本理念是相对稳定的，是有一定规律可循的。教无定法之“法”，是指没有固定的、适合于每一堂课的具体的教学方法。当前人们已经清晰地认识到，不存在普适性的教学模式或者方法。教学模式或方法的选择取决于教学内容特点、教学环境、教学对象的特点和教学者本人的特点等因素。一种教学模式或方法，可能适合某类或某层次教育的教学，但不一定适合所有类型、所有层次教育的教学；可能适合某些课程的教学，但不一定适合其他课程的教学；可能适合同一课程某些章节的教学，但不一定适合本门课程所有章节的教学。有些人认为找到了一种能解决所有的教学问题、适用于所有的教学的教学模式或者方法，这显然是不现实的。

进行教学设计，就应把握教学有法之“法”，掌握更多的教无定法之“法”，在具体的课堂教学中，能够根据教学实际选择不同的方法，以提高教学的有效性。

高职院校进行有效教学设计的关键是落实“以学生的发展为中心”、教的“教学做合一”和学的“学思行合一”等教学理念。其中，更突出“学”与“做”两个关键环节。

基于以上认识，通过大量教学实践，我们认为高职院校实施有效教学，进行教学设计的基本理念是“重设计，以做促学促教；重实效，以学评教评师”。即：重视教学设计，通过动手实践，促进学生的学习、教师的教学；重视教学实效，通过学生的学习成效评价教学是否有效和教师的教学质量。具体来讲，教学工作是一项复杂的脑力劳动，要根据教育规律、人才成长规律，结合课程特点、学生特点，重视教学设计，充分发挥学生的主体作用，让学生置身于真实的工作情境、问题情境，在参与、体验中学习知识、培养能力、提高素养；教师也要发挥好引导、指导、示范作用，加强与学生的互动交流，在实践中不断提高自己的教学水平。要以最终的教学实效来评价课堂教学质量，也就是要以学生的学习成效为主要标准来评价教师的能力和水平，评价学生的学习成绩。

高职院校的教学设计是指对一堂课的教学安排。主要包括以下步骤和内容：

确定单元教学目标：根据课程目标和完成职业岗位实际工作任务需要确定单元教学的知识、能力和素质目标。

确定单元教学内容设计：

（1）单元教学内容组织

单元教学内容的选择以职业活动、工作过程为导向选取，重在训练学生运用知识解决实际问题的能力。教学内容的组织与安排遵循学生职业能力培养的基本规律，围绕能力目标整合、序化教学内容，重视学生在校学习与实际工作的一致性。

(2) 能力训练项目

专业课能力训练项目的设计要充分结合教师参与企业实践获取或搜集的企业项目，并进行适合教学的改造，训练项目要与能力目标要求相符。公共基础课程能力训练项目设计注重任务驱动，训练学生运用知识解决实际问题的能力，引导学生积极参与。

进行教学过程设计：教学过程理实结合，符合学生的认识规律，知识围绕应用展开，项目完成后有系统知识的归纳，突出知识为能力培养服务。能力训练过程设计合理，引导学生积极思考、乐于实践，训练项目和任务安排数量合适，可操作、可检验；教学中体现以学生为主体，精讲多练，注重课堂教学中师生互动。

进行教学方法设计：根据教学目标、内容需要和学生特点灵活选用案例法、小组讨论法、展示法、启发式、角色扮演等多种合适的教学方法，实现“教学做”一体。合理运用多媒体和虚拟现实等现代教育技术，优化教学过程，提高教学效率和质量。

在对课程进行整体设计和教学设计时，要特别注意项目任务的设计这个重点。

项目任务是能力训练的主要载体，也是实现职业教育与生产实际紧密对接的重要载体，所以，选择并设计项目任务，是进行课程改革和教学设计的重要环节。选择和设计项目任务时要注意：

一是要能较好地完成教学目标。改变以往按学科体系编排的课程内容为以行动体系编排的课程内容，其主要目的是适应学生的学习特点、切合技术技能形成的规律、更有效地实现教学目标。所以，所选择设计的项目任务要能覆盖人才培养方案、课程标准所确定的各个知识点、能力点和素质培养要求，不缩小范围、不降低标准，只是表现形式的改变，而其核心内容没有质的变化。在进行项目化课程教学时，在每次课堂教学、每个单元教学、每门课程教学结束时，都一定要有对知识能力的系统化梳理与强调，这既是对项目任务的总结升华，也是对学科体系教学优点的继承与发扬。

二是要与生产实际紧密结合。项目任务来源于工作实际，是基于真实工作过程，进行系统化、典型化，形成工作项目任务，再对接人才培养目标和教学目标，进行教育化改造，形成的可操作、具体化、工作化、综合化的教学项目任务。它既包含丰富的教育因素，又包含丰富的企业因素和社会因素。它既能进行能力训练，又能进行知识教学和素质培养。它源于工作实际，又高于工作实际。所以，要选择和设计好的项目任务，教师必须通过各种形式加强与企业的合作，必须了解、熟悉企业的工作实际。

三是不唯项目任务。项目任务是进行教学的载体或者形式，但它不是唯一的。并不是说所有的课程都要进行项目化课程改造，比如有些公共基础课，也可以采用案例教学等形式进行。也不是一门课程的所有内容都必须改造成项目任务进行教学，有些理论性比较强、知识性比较强的章节，也可以运用传统的形式组织教学内容。什么形式有利于学生的学习、有利于完成教学目标，就采用什么形式，大可不必对所有的教师、所有的课程都要求进行彻底的项目化课程改革。但是，也必须认识到，进行项目化课程改革，是经国内外职业教育大量实践证明了的，较为有效的职业教育教学改革措施，能较好地满足学生的学习需求，较好地完成教学任务，使教学更加有效。

教学实施阶段

1. 国内外有效教学行为特点研究

(1) 美国教育专家加里 · D. 鲍里奇研究认为，促成有效教学的五种关键行为是：

清晰授课

多样化教学

教师任务导向

引导学生投入学习过程

学生成功率

(2) 德国教育专家希尔特·迈尔研究认为，优质课堂教学的十大特征是：

清晰的课堂教学结构

高比例的有效学习时间

促进学习的课堂气氛

教学内容清晰明确

创建有意义的师生交流

教学方法多样化

促进学生个体发展

“巧妙”地安排练习任务

明确的学习成果期望

完备的课堂教学环境

(3) 我国也有学者研究认为，课堂教师的教学行为是否有效，可以从以下五个方面来衡量：

教师的教学行为是否明确

教师的教学方法是否灵活多样，调动学生学习积极性的手段是否有效

教师在课堂上的所有活动是否围绕教学任务来进行

在课堂教学中，学生是否都积极地参与到教学活动中去

教师能否及时掌握学生的学习状况和课堂中出现的问题，并能据此调整自己的教学节奏和教学行为

（4）我国学者在对当代西方有效教学研究的 16 个文献进行归类统计后指出，在有效教学特点研究中出现频率较高的 12 个特点依次如下（括号内的数字为出现频率）：

清晰的表达（10）

灵活的方法（8）

教学有热情（6）

强调目标与任务定向（6）

能够引起学生学习兴趣（5）

善于创造良好的课堂气氛（4）

积极利用评价促进学习（4）

对学生有高的期望（4）

课堂管理有效（4）

强调解决问题（4）

善于提问（4）

具有良好的个人品质（4）

2. 高职院校有效教学行为的主要特点及达成

上述国内外学者对有效教学行为特点的研究，主要是立足于普通教育，特别是中小学教育来研究的。在此基础上，针对高职院校高素质技术技能人才培养目标的定位，及职业教育的特点，我们认为高职院校有效教学行为的主要特点有：

（1）教学目标任务清晰明了

（2）教学方法灵活多样

（3）学生参与积极主动

（4）练习与实践科学有效

教学目标任务清晰明了

教师本人首先要对本次课堂教学的目标任务有非常清醒的认识，然后要非常明确、清晰地告诉学生。这样，教师能围绕目标任务组织教学，学生能围绕目标任务学习，以避免出现以下情况：教师以完成第几章第几节的内容为目标，对本次课的实际目标任务认识不清，教学抓不住重点；教师虽然知道本次课的目标任务，但是没有清楚地告诉学生；学生不明确本次课的目标任务，学习没有动力，没有目标，抓不住重点；学生不清楚本次课在整个课程中的位置，对需掌握哪些知识、培养什么技能、养成什么素质等心中无数，学习不能做到有的放矢。

想使教学目标任务清晰明了，要落实在本次课的各个环节。通常，在课堂教学的开始，教师就要向学生清晰准确地描述出本次课的学习目标和任务，告诉学生本次课与上次课和下次课内容之间的逻辑关系。当然，每次课的目标任务都要突出能力本位、素质渗透的理念，与工作实际紧密结合，最好能结合实际工作情境展开教学。课堂教学中，教师要始终围绕本次课的目标任务来推进，可以联系与之相关的内容进行拓展教学，但不能扯得太远，应及时收回。在课堂教学快要结束时，要再次回顾本次课的目标任务，并采取灵活的方式进行测评，考查学生对目标任务的完成情况。

关于教学目标的基本要求：

一是要明确教学目标的定位。要在教育目的体系中明确教学目标的来源与定位。一般来讲，教学目标的上位目标是人才培养目标，人才培养目标的上位目标是教育目的。就高职院校来讲，人才培养目标主要是指各专业的人才培养目标，教学目标则既包括课程的教学目标，也包括单元的教学目标和课时的教学目标。由于上位目标决定下位目标，下位目标支撑上位目标，所以，在确定教学目标时，教师一定要搞清楚它的上位目标是什么，以在整体把握的基础上，清楚课程或课时教学目标的具体定位。

二是要准确提炼教学目标。职业院校教学目标一般包括能力目标、知识目标和素质目标三部分。其中，能力目标是核心，知识目标是基础，素质目标是关键。职业院校突出技术技能人才培养目标的定位，要求必须突出能力培养，教师要全面分析每次课所应实现的能力目标。而知识是形成能力的基础，并且技术人才需要有较系统的理论知识，所以，不能因为强调能力目标而忽视了知识目标。较高的素质，是学生更好地完成工作任务和提高生活质量的必需，教学中应根据教学内容，将素质教育目标渗透到教学各个环节。

三是要规范教学目标的表述。教学目标的表述，一般应包括行为主体、行为动词、行为条件和达成程度。

行为主体应是学生，而不是教师。规范的教学目标表述，开头应是“学生能……”。既然行为主体都是学生，那么在具体表述时可以省略，但因为有效教学强调学生的主体地位，所以，一定要牢固树立教学目标主要表达学生应达到的目标的观念。

行为动词是规定学生应达到的可观察、可测评的具体行为。比如，“了解、理解、会做、写出、绘制、操作”等等。

行为条件是学生达成学习成果所依据的标准、要求，限定的条件或范围，使用的设备、工具等。比如，“能按照××国家标准，在半小时内完成……”“能根据××岗位技术要求，熟练操作数控机床，进行……”等等。

达成程度是指学生对目标所达成的最低标准要求。比如，“准确操作”“绘制出完整的流程图”“能做出……产品”等等。

在叙写教学目标时，常见的问题有：一是以教育目的代替教学目标。如“使学生在德智体等方面全面发展”“将学生培养成为良好的公民”等。二是表述空泛模糊，不好评价。如“提高学生解决问题的能力”“培养学生团结合作的素养”等。

◇ 小知识

表述认知领域目标的词汇

（郑金洲，《教育通论》）

模糊的、不能直接观察的词汇	操作性的、不易曲解的词汇
1. 学生具有……知识	1. 陈述……之间的关系
2. 学生领会……	2. 区分……
3. 学生批判性地思考有关……	3. 把……搭配起来
4. 学生理解……	4. 用自己的话来……
5. 学生对……表示欣赏	5. 对……作出评价
6. 学生对……表示兴趣	6. 自愿回答……
7. 学生完全欣赏……	7. 说出……名字
8. 学生掌握……的意义	8. 列举出……的后果
9. 学生能够记忆……	9. 把……分类
10. 学生学会……	10. 把原理应用于新的情境
11. 学生重视……	11. 辨认……
12. 学生开阔视野	12. 构造……
13. 学生有效地工作	13. 把……整理、排列好
14. 给学生以深刻印象	14. 对……进行解释
15. 学生正确地表述……	15. 对……提出问题
16. 学生顺利地阅读……	16. 指出……
17. 学生形成某种基本技能	17. 解……（对……求解）

教学方法灵活多样

毛泽东同志曾形象地指出：“我们的任务是过河，但是没有桥或没有船就不能过。不解决桥或船的问题，过河就是一句空话。”“过河”是目标任务，“桥”或“船”是实现目标任务的方法。目标任务明确后，如何达成目标任务就成为头等大事。在教学中，很多老师却忽视了这个关键问题，要么因循守旧，一种教学方法从课程开始用到结尾，以教学方法之“不变”应教学内容与学生实际之“万变”；要么跟风随流，时下兴盛什么教学方法，就采用什么方法，没有认真研究新方法是否适合自己的教学实际。问哪一种教学方法最好与问哪一种工具最好是类似的——榔头、螺丝刀、刀或钳子……总之，不存在普适性的最好的教学实践。针对不同的教学内容、学生特点，教师要善于选择合适的教学方法，使教学更加有效。这就要求教师要熟悉常用的几种教学方法，比如:《教育部关于全面提高高等教育质量的若干意见》中提出的创新教育教学方法，倡导启发式、探究式、讨论式、参与式教学。《教育部关于深化职业教育教学改革全面提高人才培养质量的若干意见》中提出的要普及推广项目教学、案例教学、情境教学、工作过程导向教学，广泛运用启发式、探究式、讨论式、参与式教学，充分激发学生的学习兴趣和积极性。还要掌握常用的主要教学行为，比如讲授、提问、示范、指导、表扬等。

启发式、探究式、讨论式、参与式教学都更加强调学生主体性的发挥，强调学生的参与；项目教学、案例教学、情境教学、工作过程导向教学都更加强调基于工作实际的职业性，强调学生的动手实践能力培养。高职院校推进有效教学改革，应根据学生、教师、教材和学校办学实际，根据不同课程和教学内容的要求，选择不同的教学方法，以更好地促进学生发展，提高学生的学习成效，从而提高教学的有效性。

◇ 小知识

以教师为中心和以学生为中心两种教学方法论的比较

（肯尼斯·摩尔，《有效的教学策略：从理论到实践》）

方法	教师控制程度	目的与特点
以教师为中心的教学方法		
讲授	高	讲述技巧：教师向学生传达信息，无师生互动
讲授—复述	高至中等	讲述技巧：教师向学生传达信息，然后进行提问—回答环节

续表

方法	教师控制程度	目的与特点
苏格拉底式问答法	中等	互动技巧：教师以问题推动对话，从学生处提取信息
展示	高至中等	表演技巧：一个学生面对全班，展示某物并对其进行讨论
典型示范	高	表演技巧：教师或学生按照对学生的要求进行表现或做出某些动作。其他学生模仿这些动作或行为
以学生为中心的教学方法		
讨论	低至中等	互动技巧：就某一话题，学生以班级或小组为单位进行互动
小组座谈	低	讲述技巧：学生小组呈现或讨论信息
辩论	低	讲述技巧：在不同小组间就某一话题展开竞争性讨论
角色扮演	低	行动技巧：分角色或场景扮演
合作学习	低	行动技巧：不同能力层次的学生合作完成任务
发现	低至中等	行动技巧：学生遵循既定解题程序，试着通过亲身体验解决问题
探究	低	行动技巧：学生自己确定解题程序，试着通过亲身体验解决问题
模拟/游戏	低	行动技巧：参与人为设定的、但具有代表性的情景或事件
个别化教学	低至中等	讲述/行动技巧：学生参与的学习活动是根据其自身需求和能力制定的
独立学习	低	讲述/行动技巧：学习过程中几乎无教师指导

◇ 小知识

职业院校常见教学方法

（赵志群等，《职业教育行动导向的教学》）

教学方法	概念	基本步骤	注意事项
项目教学法	是师生通过共同实施一个完整的“项目”工作而进行的教学行动。	项目的确定：这里所描述的项目任务还不是一个经过推敲的项目计划，而只需要罗列一些关键词，内容主要是针对项目任务所商定的工作规则、时间限制，与他人交往原则以及处理生产与自然环境关系的方式等，但不列出详细步骤或详细的产品图。 项目计划：参与者通过表达对其参与活动的意愿、起草时间计划等活动，逐渐明确项目实现的条件，然后进行任务分配。如果需要，他们需要学习必要的知识和技能。 实施和记录。 成果展示。 成果评估。	在职业教育中，项目是指以生产一件具体的、具有实际应用价值的产品为目的的工作任务，应满足下面的条件： 该项工作具有一个轮廓清晰的任务说明，工作成果具有一定的应用价值，工作过程可学习一定的教学内容。 能将某一教学课题的理论知识和实践技能结合在一起。 与企业实际生产过程和商业经营行动有直接关系。 学生有独立进行计划工作的机会，在一定的时间范围内可以自行组织、安排自己的学习行为。 有明确而具体的成果展示。 学生自己克服处理在项目工作中出现的困难和问题。 有一定难度，不仅是已有知识、技能的应用，而且还要求学生运用已有知识，在一定范围内学习新的知识技能，解决过去从未遇到过的实际问题。 学习结束时，师生共同评价项目工作成果和学习方法。

续表

教学方法	概念	基本步骤	注意事项
引导课文教学法	是诞生于德国的一种系统化的项目教学法，它借助一种专门的教学文件即“引导课文”，通过工作计划和自行控制工作过程等手段，引导学生独立学习和工作，并最终完成项目学习任务。	明确任务/获取信息：明确工作任务和目标，告知学生学习任务的状况和学习目标，提供与完成工作任务有直接联系的信息。重点是明确问题情境。 制订计划：根据已经明确的任务设想出工作行动的内容、程序、阶段划分和所需条件。 做出决策：从计划阶段列出的多种可能性中确定最佳解决途径。往往通过小组的形式集体做出。 实施计划：按照所确定的“最佳”解决途径开展工作。 检查控制：在实施过程中采用适当的方法对工作过程进行质量控制，以保证得出所期望的结果。 评价反馈：从技术、经济、社会、道德和思维发展等多方面对工作过程和工作成果进行全面评价。	“引导课文”是为学生编写的，针对一个复杂工作过程的系统化信息框架，它常常以引导问题的形式出现。一般来说，引导课文由以下几部分构成： 任务描述：多数情况下，任务描述是一个项目的工作任务书，可用文字或者图表等形式表达。 引导问题：引导课文常以问题形式出现。按照这些问题，学生可以想象出最终工作成果和完成工作的全过程，能够获取必要的信息，制订工作计划并实施。 学习目的描述：学生应知道在什么情况下达成了目标。 学习质量控制单：可以帮助学生避免工作的盲目性，保证每一步工作顺利进行。 工作计划：学习内容与时间安排。 工具与材料需求表。 专业信息：为更好地促进学生学习能力的发展，最好不提供现成的信息，而只提供获取信息的渠道。信息的主要来源为专业杂志、文献、技术资料、劳动案例规程、互联网、操作说明书等。 辅导性说明：即在专业文献中找不到有关具体工作过程、质量要求等企业内部经验的说明。
案例分析教学法	是以案例分析为基本教学形式的教学方法。	直面问题：分析案例的具体情境，描述任务，划分学习小组。 收集信息：收集并处理信息。 开发方案：以小组合作（或者个人）形式制订解决问题的多种可能的方案。 决策：对小组或个人提出的问题解决方案做出决策并记录。 辩论一：小组或个人在课堂上演示自己提出的问题解决方案，并说明理由。 辩论二：大家共同讨论，确定问题的最终解决方案。 核实：将共同确定的问题解决方案与真实实践作比较，并做出最终评估。	选择合适的案例对案例分析教学法的成功非常重要。 首先，案例来源于真实的职业工作情境。案例应呈现出一个与特定事实相关的、带有定量或定性信息的、简短而实际的职业真实工作状况。 其次，案例是开放的。案例学习的价值在于如何论证解决方案的合理性和可操作性。案例应具备足够的开放性：它应有实时情况，却没有唯一结果；有激烈的矛盾冲突，却没有统一的处理冲突的办法和结论。

续表

教学方法	概念	基本步骤	注意事项
行动导向教学中常用工具和手段——头脑风暴	教师引导学生就某一课题，自由发表意见，教师不对其正确性或准确性进行任何评价的方法。	起始阶段：教师解释动作方法，说明要解决的问题，鼓励学生进行创造性思维，并引导学生进入论题。 意见产生阶段：学生即兴表达各自意见或建议。 总结评价阶段：师生共同总结、分析实施或采纳每一条意见的可能性，并对其进行总结和归纳。	要善于引导并激励学生开展自由联想。 建立自由思考气氛：任何一个想法都是重要的，提出的想法越离奇可能越有价值；不对任何想法提出批评，不说“更好的想法是……”之类的话；要强调提出想法的数量，譬如在5分钟内提出50个想法；可以重复、修改别人提出的想法，不要说“已提过这个想法了”；要有主持人进行引导，尤其是当出现沉默或讨论比较乏味时，要有应变并提出新思路的能力。 使用简洁的语言。 注意事项：时间一般在5～15分钟；小组人数一般在5～12人；确定记录员，或就卡片征求所有人的意见；在收集所有卡片后检验建议的可行性，引出进一步设想。
行动导向教学中常用工具和手段——思维导图	思维导图又称脑图或概念图，是用于组织和表征知识的工具，它通常将与某一主题的在前概念置于圆圈或方框之中，然后用连线将相关的概念和命题相连接，连线上标明两个概念之间的意义关系。	把学生组成2～4人的合作学习小组。 教师（或主持人，下同）宣布借助思维导图法，共同讨论一个中心议题，并提出解决的问题和希望实现的目标，同时提出需共同遵循的原则和注意事项。 宣布小组工作时间以及讨论结果的表达方式；发给每组两张卡片，要求把主要思维结果以关键词的形式记录下来；学生按顺序上讲台，把思考结果做一分钟解释，并把卡片展示到墙脚或黑板上。 待各组全部展示完后，教师引导学生将卡片归类整理成若干大的方面。 继续发给各组1～2张卡片，要求各组就已归类的几个方面再进行思考，并规定时间，之后重复第三步，继续由学生上台做解释并展示卡片。 此时学生展示的卡片形成一个图形，其基本特征是：中间为一个中心议题，往外是由若干个主要观点的卡片与中心议题连在一起，再往外则是第二次思考后展示次要观点的卡片，此时用线条把这些想法根据前后次序和相关性连接起来，形成一个思维导图。	禁止批评和评判。 允许和鼓励每个人充分发挥想象力，不关心顺序是否符合逻辑，要把所有与中心议题有关的想法写下来。 对于思维导图结果中的某些要点，教师可以进行进一步的引导或深入讲解，以利于学生思维的纵向发展。 讨论议题要具体明确，不宜过大或过小，不要同时讨论多个问题。 讨论进程要有节奏，时间计划性强，明确思考时间和上台展示解释时间。 利用关键词表达意思，字体尽量写得大一些。 老师对学生展示应做记录，多用肯定和鼓励的词语，可做简要的评价。 最后教师要进行归类、总结，形成最佳图示。

学生参与积极主动

有效教学是以促进学生发展为中心的教学，只有学生积极主动地参与到教学中去，才能激发学习动机，产生学习兴趣，启发思考，提高动手实践能力，提高技术技能水平。传统低效或者无效教学的主要特征，就是学生缺位，是教师“满堂灌”的教学，是学生消极被动参与的教学，是学习动力与兴趣不足的教学。强调以促进学生的发展为中心，就是要突出学生在学习中的主体地位，强调学生的积极主动参与。

教师在课堂上启发引导学生积极主动参与教学过程，主要目的在于激发学生的学习动机、引起学习兴趣，促进学生思考和实践，从而促进学生的发展，提高课堂教学质量。在课堂上主要表现为：学生学习情绪高涨，有旺盛的学习热情；学生积极思考，主动作为；能正确理解教学内容和学习任务，并能积极主动地表达个人理解（口头表达或者书面表达）；认真地进行练习实践，积极主动地与老师和学生交流；对老师的提问或学习任务安排，积极响应、踊跃参与；勇于创新等等。作为教师，要通过科学的提问、激励、示范、项目组织、小组讨论等方式，引导并维持学生积极主动地参与到教学过程中。

◇ 小技巧

提问小窍门

（肯尼斯·摩尔，《有效的教学策略：从理论到实践》）

问题必须清晰明了，应该在决定谁来回答之前把问题提出来。提出问题，等学生考虑一会儿，然后指定一位学生回答。当然，也有例外的情况。如果你打算提问一个注意力不集中的同学，比较明智的做法是先指定这个学生，这样才能保证他听到了你的提问。同样，遇到反应比较慢或比较内向的学生，你也应该先点名，让他们做好回答问题的准备。

提问时，平等地照顾到班上的所有同学，避免只针对少数几个聪明的学生提问。同样要避免机械地按照一定顺序提问，比如按姓名首字母的字母顺序或者一排接一排提问，学生很快就会摸清这些规律，因而只会在轮到他们的时候集中注意力。

一次只问一个问题。一次同时问太多的问题经常让学生摸不着头脑。同时问好几个问题会剥夺学生思考的时间，而且学生不知道应该首先回答哪个问题。

问的问题不要太多。通常，在准备提出一连串问题之前，你需要建构一个基础知识框架。尤其在所提的问题需要思辨的时候，这种建构更是不可或缺。

问的问题要面向课堂上能力参差不齐的所有学生。有的提问必须简单，有的应该难一些。此外，通过提问帮助学生完善他们不太准确的回答。利用提示性问题和探究性问题帮助学生对他们的回答进行更透彻的思考。这种方法可以提高学生的参与程度，更好地培养他们的思维能力，巩固他们的成就感。

最后，认真倾听学生的回答。在学生作答以后，至少等待3秒。这样，回答问题的学生有时间做进一步的补充说明，其他学生也有时间对这个同学的回答做出反应。

◇ 小知识

有效表扬与无效表扬的比较

（崔允漷，《有效教学》）

有效表扬：

1. 依具体情况给予表扬；

2. 表扬学生工作的特定方面；

3. 注重学生的成就，表扬也依成就不同有变化；

4. 只奖励特定行为表现标准（包括努力）的达成；

5. 告诉学生他们的能力和他们的成就的价值的信息;

6. 引导学生正确评价自己与学习活动有关的行为，多考虑如何解决问题;

7. 以学生自己原有的成绩为背景描述其现在的成绩;

8. 学生在完成困难的学习任务时，付出很大努力后取得成功，则给予表扬;

9. 把成功归因于努力和能力，暗示将来仍有希望取得类似成功;

10. 鼓励内源性归因（学生认为他们是因为喜欢学习和/或想提高与学习任务有关的技能才付出努力的）;

11. 把学生注意力集中在与自己的学习任务有关的行为上;

12. 鼓励教学过程之后与学习任务有关的行为。

无效表扬:

1. 很少或无规则地给予表扬;

2. 表扬学生一般化的积极反应;

3. 不注重学生表现，表扬缺少变化;

4. 只奖励参与，而不考虑行为结果;

5. 不告诉学生任何信息或只告诉他们在班内的位置;

6. 引导学生与别人比较，更多地考虑竞争;

7. 以学生同伴的成绩为背景描述其现在的成绩;

8. 不考虑学生是否付出努力或取得成绩，而给予表扬;

9. 把成功只归因于能力或运气、学习任务容易等外部因素;

10. 鼓励外源性归因（学生认为他们是由于外部原因——取悦教师、在竞争中获胜赢得奖赏等才付出努力的）;

11. 把学生注意力集中在控制他们并作为他们外部权威人物的教师身上;

12. 介入进行中的教学过程，使学生不能专心于与学习任务有关的行为。

练习与实践科学有效

高职院校实施有效教学改革，要始终紧紧围绕高素质技术技能人才这个培养目标进行。理论研究和实践均证明，练习和实践是促进技术技能形成的重要途径，这也是基础教育领域的有效教学实践与职业院校领域的有效教学实践比较重要的区别之一。教育学和心理学研究表明，技能是经过不断练习、校正、协调熟练而逐步形成，并在实践中再进一步发展并有所创新的。

职业院校通过安排校内实训教学与校外实践教学，加强学生技术技能培养，已经成为职业教育工作者的共识。但如何更为科学有效地安排练习与实践，很多教师没有进行认真的学习和总结。心理学和教育研究表明，技术技能的形成主要靠练习，而练习的效果取决于练习的方式。研究认为，只有科学的练习，才能随着练习次数的增加，技能操作的速度才会不断加快、准确性不断提高，技术技能水平才能不断提升；反之，错误的练习方式，不但不会提高技术技能水平，反而会影响正确技能的形成，降低工作效率和效果。并不是练习的时间越长越好，一般来讲，分散练习的效果要优于集中练习，这就要求教师在安排学生实训时，不宜一次持续过长的时间。对于由若干单项技能形成的综合技能的训练，如果各单项技能间不存在相互协调的问题，应先进行单项技能的训练，再进行综合技能的训练。如果单项技能间的协调关系较为紧密，就要直接进行综合技能的训练，不宜孤立地练习单项技能。及时反馈的效果，对于提高技术技能的练习效率也有比较显著的影响。

3. 高职院校有效教学课堂的基本结构

有效教学课堂的基本结构，是指实施有效教学课堂的基本组成部分，也就是从一开始上课到最后下课的主要环节、过程、步骤。研究有效课的结构对于实施有效教学具有重要的意义，但同时，由于课的类型多样，课的结构也不会是完全划一的。正像马赫穆托夫指出的：“如果说课的结构是固定不变的，那么它必将阻抑教师的创造性，造成一种刻板的教学，远离教学的积极化；如果课的结构不是固定的、无定形的，那么，它将产生自发性，往往出现一种毫无根据的教师教学法的主动性。这样，问题产生了：精确地反映教学过程的逻辑，同时又使教师有可能发挥教学法上的创造性的发展性教学的课的结构组成的规律是怎样的呢?”所以，从逻辑上研究有效课堂教学的基本结构还是很有必要的，是实现“让每一堂课都有价值”目标要求的需要。

在中外教育史上，影响较大的课堂教学结构，有赫尔巴特倡导的明了、联想、系统、方法“四阶段说”，他后来的继承者在此基础上扩展为准备、呈现、联想、概括、应用“教学五步”；杜威倡导的创设问题情境、引导儿童寻找问题产生的原因、引导儿童提出并思考解决问题的假设、鼓励儿童实施解决问题的方案“思维五步”；20 世纪 80 年代以来，根据现代心理学和教学论的新研究、新发现，国内外一些心理学家和教学论专家也提出了一些新的课堂教学结构说，如下表所列。

几种教学结构一览表

加涅	引起注意；告知目标；回忆相关旧知识；呈现新内容；提供学习指导；引发行为表现；提供信息反馈；评估行为表现；强化保持与迁移
巴特勒	动机；组织；应用；评价；重复；概括
罗米索斯基	引起注意与激发动机；说明教学具体目标；回忆与补救相关旧知识；开展教学活动；展开学习活动；反馈活动；学习迁移；课的评价（必要时）；总结与加深学习
亨特	目标；定向；呈现；示范；导练；检查；自练
乔纳森	示范；指导；支架作用
皮连生	引起告知教学目标；提示回忆原有相关知识；呈现经过组织的新信息；阐明新旧知识的各种关系，促进理解；指导学生复习并提供学习与记忆方法指导或引出学生的反应提供反馈与纠正；提供知识提取的线索或提供技能应用的情境

由于新中国成立初期我国全面引进苏联教育学，所以，对我国影响最大、也是最为常见的课堂教学结构是根据赫尔巴特范式的“苏联版”确立的“五段

教学法”，这种上课结构一般适用于综合课，通常由五部分组成，也称为五个步骤，甚至规定了大体的时间段：

组织教学：1～2 分钟；

复习旧知识：5～10 分钟；

讲授新知识：15～30 分钟；

巩固新知识：10～15 分钟；

布置作业：2～5 分钟。

当然，在教学实践中，课的结构并非是一成不变的，可根据具体教学实际，有比较灵活的变式。特别是在基础教育领域，随着新一轮课程改革的实施，课堂教学的结构已经十分丰富灵活了。

由于高职院校实施有效教学的地点多样，有的在教室内、有的在实训室内、有的在理实一体化多功能室内、有的在校外实训基地内。并且教学的内容也不相同，有的是纯粹理论教学，有的是纯粹实践教学，更多的是理论与实践相结合的理实一体化教学。不同的教学目标、教学内容和教学地点，教学的基本环节肯定会有所区别。下面，以高职院校中运用最多的、在理实一体化室或教室内进行的理实一体化课程为主进行分析。其他形式的教学结构也是在此基础上的变化而已。

结合国内外课堂教学结构研究成果，根据有效教学的基本理念，有效教学行为的主要特点，具体到每一次课，**有效教学课堂的基本结构是**：明了任务、讲解示范、合作学练、展示评议、总结提升。

明了任务

无论是在教室内、理实一体化室上课，还是在实训室、校内外实训基地进行实践教学，每一次课都会有一个开始，一般教育学教材将这个阶段称为“导入”，其作用在于集中学生注意力、引发学生的学习兴趣和动机、明确学习目标任务，引导学生进入学习状态。其主要目的在于明确本次课的目标任务。如果在刚开始上课时，就能让学生明确本次课的学习目标和任务，很容易激发学生学习动机、引起学习兴趣，使学生明确学习方向，较好地把握本次课的学习重点，也便于在课程结束时对本次课的学习效果进行自我评价。

有些老师对此没有足够的重视，上课时，不明确说明本次课的主要教学目标和任务，只是按照教材或者教案，用一句话“同学们，今天我们学习第几章第几节，首先，我们学习第一部分……”导入新课。这种开始虽然开门见山、直入正题，但过于简单，特别是没有提前预习的同学，可能不清楚本次课的主要学习任务是什么，需要达到什么目标，也就不容易把握本次课的学习重点。

高职院校教师常用的明了目标任务的方法有很多，常见的有：

(1) 直接表明目标任务。开门见山，单刀直入，直接说明本次课的目标任务。如“这次课我们学习如何裁剪西裤，通过学习，要求每位同学都能根据给定尺寸，独立完成裁剪西裤的任务”。

(2) 项目导入目标任务。充分运用课程改造的成果，将基于真实工作确立的项目告诉学生，并明确完成这个项目要达到的目标。如“这次课开始我们要共同完成‘工业机器人故障检测’项目，通过学习，要求每位同学都能掌握工业机器人故障检测的一般程序、要求和五种常见故障的检测”。

(3) 情境导入目标任务。由具体工作情境入手，向学生明确学习项目或任务。如“我们工作室今天刚接到一项紧急设计任务，需设计 2 款袖型有特色的时尚服装，要求我们在人台上对袖型进行立体取样。下面，我们就共同来完成这个任务”。

(4) 案例导入目标任务。通过精选的与教学内容紧密相关的具有鲜明教育意义的案例，明确本次课的目标任务。如“这几天，大家都在关注网上热议的‘扶起倒地老人反被诬’的事件，今天，我们就通过这个案例，讨论一下关于诚信的问题”。

(5) 直观导向目标任务。通过展示实物、模型、标本、图片、视频、音频等，引出本次课的目标任务。如“大家看我手里拿的这个零件，这是今年全国职业院校技能大赛一等奖的获奖作品，今天，我们就一起来学习如何加工这个零件”。

在这一阶段，还应根据课堂实际，注意以下环节：

一是组织教学。课前，学生刚从事完各种活动，刚开始上课时，有些学生的情绪、注意的方向、大脑的兴奋中心各不相同，有的学生在教室内交谈、有的则刚刚进入课堂。学生的注意力不够集中，课堂秩序不够好，教师应通过适当的形式，使学生转换与学习无关的思绪和行为，让学生在身体、心理等方面做好上课准备。最简单的是通过指令，如“同学们请安静，现在开始上课”引起学生的注意；还可以通过讲故事、设悬念、视频音频等形式导入新课。如果上课时，教师认为学生准备情况较好，也可以直接明确目标任务，不启用这个环节。

◇ 小知识

提高注意力的方法

（陈琦等，《当代教育心理学》）

方法	解释
提前注意学习目标	在上课之前，告诉学生所注意的目标，学生学得会好一些。
重点标示	教学中，升高或降低声音，或者使用手势表达关键信息；课本常常用不同的颜色或不同的排版指明要点。
增加材料的情绪性	选择情绪色彩浓的词来赢得注意。这就是为什么报纸的标题“某某议员枪毙了某教育法案”而不说“某某议员否决了某教育法案”。
使用独特的刺激	例如，自然科学的教师上课时，经常可以做演示，以引起学生的好奇心，从而吸引学生的注意力。
告知重要性	许多学生常常会预期在随后的测查中会有什么问题，以此来确定课中重要的信息。这种技能能增强学生对相关材料的注意。为了避免学生只对老师提到的重点进行复习，可以告诉学生测验的题型和范围。同时也有必要告诉学生哪些材料不重要，使学生提高学习效率。

二是复习过渡。目的在于检查学生对之前所学知识技能的掌握程度，了解情况，对发现的学生理解有误或掌握不扎实等情况及时补救；同时，加强新旧知识技能的衔接，增强教学的系统性和整体性。特别是在上实践课时，一般应有这个环节：教师与学生共同回顾一下本次课可能用到的所学知识技能，唤起学生的记忆，提高实践操作的效率。如果是与以前所学内容没有密切联系的新课或复习课，也不要生拉硬扯，可以不进行复习回顾。

讲解示范

学习复杂技能一般要通过观察和行动才能学会。学生首先观察榜样如何解释和演示这些技能，然后进行实践。这里的榜样，可以是人、是老师或者学生，也可以是象征性的或非人类的（如视频中会说话的动物、动漫人物等）电子产品或印刷品等。

明确目标任务后，就要围绕目标任务逐项展开具体的教学内容。对于每一次课出现的新知识、新技能，既可以由教师讲解示范，引领学生学和练；也可以由学生讲解示范，教师纠正，然后学练。教学中，应充分发挥学生学习的主体作用，可以由学生自学教材或其他教学资源的有关内容，对较简单的知识、技能，由学得快、学得好的学生进行讲解示范，教师补充或纠正；对于较复杂、较难的知识、技能，在学生自学的基础上，由教师进行讲解示范。

研究证实了讲解示范的重要作用。在进行技能学习时，示范加上解释，比单纯的解释或者单纯的示范更加有效。这是讲解示范者应特别注意的。

（1）关于讲解。讲解是古今中外运用最多、最基本的教育教学方法。讲解是运用口头语言，通过说明、分析、解释、认证等方式，向学生传授知识、培养能力、进行素质教育的一种教学方式。讲解的主体可以是教师，也可以是学生。

讲解行为是应用最多的一种教学行为，也是受批评最多的教学行为。但是，人们所批评的，往往并不是讲解本身所固有的不足，而是由于对讲解运用不当所产生的。所以，无论是教师，还是学生，在讲解时都要注意：

语言要准确，用词要恰当，语言要连贯，语速要适中，表达要清晰流畅。教师应讲普通话，运用规范词句，少讲方言词句；要清晰表达，让学生听清每个字每句话；讲话速度要适中，一般每分钟在200字左右。

表达要准确严谨，逻辑清晰。要选择最精确的词汇，准确表达自己的思想和教学内容；表达尽量用短句子，戒除口头禅和多余的语气词、助词等不良习惯；讲话前后衔接要紧密，思路清晰，不能模糊其词。

◇ 小知识

讲解模糊用词的种类和例词

（崔允漷，《有效教学》）

类别	例词
指称不明	所有这些，某地
否定性强调	不很多，不十分
接近	大约，有点，某种程度，差不多，大体上
“蒙混过关”和转折	无论如何，当然，实际上，等等，实质上，众所周知，长话短说，换言之
认错	对不起，抱歉，我不能肯定，原谅我
模糊限定	一些，几个，一群
多重性	许多种，许多类
可能性	也许，可能，大概
或然性	一般，有时，经常，通常

要精讲少讲，具有启发性。讲解不能是简单的平铺直叙，以讲代学，要能启发学生的思考；不能主次不分，啰嗦多言；要有针对性，既要紧紧围绕本次课的教学目标和内容讲解，又要针对学生的实际，选择生动、便于学生接受的语言进行讲解。

讲解中常见的问题

（施良方等，《教学理论：课堂教学的原理、策略与研究》）

一是过短的时间内呈现了过多的新知识。如果在一定时间内向学生讲述的知识超过了可能加工并理解的信息限度，学生则会变得迷惑不解，如坠云雾，对自己学习能否成功也失去信心，教师随后的讲述也是徒劳无功的。

二是讲述时间太长，超出学生有意注意的时限。人维持有意注意的时间是有限的，超出一定限度，则会产生分心、注意力转移现象，有时还会诱发问题行为。职业院校的教学，一般而言，在理实一体课上，以 20～30 分钟为宜；在实践课上，一般以 10～20 分钟为宜。

三是讲述内容缺乏组织性、逻辑性。如果没有说明所讲述观点之间的组织联系，这些内容则对学生失去意义性，只能产生机械学习。

四是讲述不顾及学生原有知识基础，或对学生知识准备做想当然假设。学生不具备前提性观念情况下的学习必然是机械学习。

五是讲述时没有激发起学生有意义地理解知识的心理倾向，老师讲述内容组织得再富于条理性、逻辑性，也难于使学生对其获得心理意义，产生有意义学习。

(2) 关于示范。对于操作性的技能教学，仅靠教师的讲解是很难学会的，将工具选用、技能操作的步骤、程序或动作进行正确的示范是非常必要的。研究表明，在操作技能学习的第一阶段，学习者头脑中必须有一个动作表象，以作为实际操作时的参照标准，而这一表象的形成主要源于对示范动作的观察。通过示范进行教学，可以说是教育史上最古老的一种教学行为，在人类语言尚不发达以前，人类主要是通过“身教”进行生产生活技能传递的。后来发展起来的“学徒制”，现在职业教育领域大力推行的“现代学徒制”，也是基于示范引领的深入运用。

示范的主体，可以是学生也可以是教师。示范时要注意：

示范要与讲解、练习相结合。示范一般是由分解动作到单项技能，再由单项技能到综合技能。一边示范一边讲解，示范中，要组织学生及时练习。示范和练习时，要注意加强与学生的互动交流，使教师了解学生的学习、理解程度，并及时给学生以指导、矫正。通过交流，使学生增进学习、理解程度，避免漏学或误解。

示范要慢而准确。如果示范速度过快，一次呈现的信息过多，不利于学生的理解和学习。放慢示范速度，让学生有充分的观察、理解、学习的时间和机会，有利于学习效果的提高。

示范要保证让每一名学生都能看到。在班级授课或者小组授课时，由于学生人数较多，可以采取分组示范的方式，也可以先示范给基础较好的一批学生，再由这些学生示范给其他同学。

示范可以充分运用现代信息技术。根据技能特点、学生特点和本校教学条件，可通过现代信息技术，多镜头多角度将示范动作投射到屏幕上进行集体示范；也可以用视频播放，通过慢放、重放、定格强调等手段，让学生对动作有更细致的观察学习机会。

要注意重复示范和练习。不要期望通过一次示范练习就可以使学生正确掌握技能操作要领，要通过重复示范、讲解、交流和练习，指导学生不断深化对技能动作的理解，提高操作的准确性、规范性和速度，逐步达到熟练化、精确化、自动化程度。

合作学练

理论与实践相结合，具体到教学中，就是要学习与练习相结合。技能是在不断地练习中由不会到会再到熟练起来的。

练习是以掌握一定的技能或动作方式为目标而进行的反复操作过程。练习不是简单的、机械式的重复，它包括重复、反馈和改进完善阶段。通过练习、反馈，使学生掌握技能规范的动作方式和运行规则，区别正确与错误的操作方式，逐步达到熟练乃至自动化操作的水平。

（1）练习中的高原现象

在技能练习的过程中，总体来说，学生的练习成绩会随着练习次数、练习时间的增加而不断提高的。但具体到每个人、不同复杂程度的技能，练习成绩并不是直线提高的，会有起伏变化，是波浪式上升的。练习达到一定阶段后出现的成绩暂时停顿现象，称为高原现象。高原现象出现的原因主要是：一是当练习成绩达到一定水平时，继续进步需要改变现有的活动结构和完成活动的方式方法，而代之以新的活动结构和完成活动的新的方式方法。旧的技能结构限制了人们按照新的方式组织动作。在没有完成这种改造之前，练习成绩会处于停顿甚至暂时下降状态。二是经过较长时间的练习，学生的练习兴趣会有所下降，甚至产生厌倦情绪，或者身体疲劳等原因而导致练习成绩出现暂时停顿现象。练习中，要针对出现高原现象的原因，通过改进练习方式、提高学生的练习兴趣等尽快走出练习的高原期。应当提出的是，高原现象并不是所有技能练习中都会出现的现象，也不是技能练习达到极限的标志，它只是技能练习中可能会出现的一个阶段，突破这个阶段后，练习的成绩又会出现持续提高。

（2）练习中的指导与反馈

练习中，老师要对学习的练习情况进行有针对性的指导和反馈，让学生及时知道自己练习动作的正确与否，了解自己练习的效果，这对练习成绩的提高会有较大的促进作用。要指导学生理解练习的具体工作情境，明确练习的目的，使学生能从整体上把握技能练习的具体要求。要指导学生掌握正确的练习方法，处理好身体练习与心理练习、单项练习与综合练习、集中练习与分散练习的关系，提高练习效率和效果。要对学生的练习情况给予及时反馈，让学生及时发现自己的成绩与错误、优点与不足，强化规范、正确的动作，弱化、消除不规范、不正确的动作，反馈包括情境反馈、过程反馈、结果反馈等。在练习初期，要重点向学生反馈他们练习时身体动作过程和动作姿势方面的信息；在练习后期，重点指导学生认真体会自己的练习行为并有意识地发现和总结自己的经验，以不断提高动作的连贯性和自动化程度。

(3) 学练的组织形式

一是学习与练习相结合，可以先学后练，也可以先练后学，也可以边练边学，应根据不同技能的特点、学生的学习特点，灵活组织实施。二是小组合作与个别练习相结合。现在的生产技能，很多是综合性的、需多人合作才能完成的动作。练习时，要根据所学知识、技能的特点，能以小组为单位进行的，就安排以小组为单位进行学习、练习、训练，这样，既训练了学生知识技能的掌握和运用，又培养了学生们的团队精神、合作意识；对于不需要协作配合的技能，也可以采取单独练习的方式。

根据教学实际，讲解示范与合作学练阶段可混合进行。

展示评议

安德烈·焦尔当说过，“意识到自己的发展变化，是引发学习者动力最可靠、最有效的方法”。对学生的学习情况进行及时反馈，能提高学生的学习动机和学习行为水平。职业院校的课堂教学，很多是以项目、任务等形式展开的，通常会有具体的学习成果，如维修的项目、制作的产品、设计的程序、改善的工艺流程等，即使是思想政治理论课、人文素质课、体育课等，也会有学到的新知识、新思想、新动作等，学生个人或者学习小组将这些学习成果进行全面或代表性的展示，并进行学生间的互相评议、教师评议，可以实现反馈和强化的作用，帮助学生总结学习的经验教训，强化学生的成功体验，激励学生努力学习，实现学生间相互学习借鉴，达到共同提高的目的。对课堂教学成果进行评议，既是评测学生掌握当堂课学习成果的需要，也是反馈学生学习成绩、存在问题、进一步强化学习成果的教学环节。

展示形式灵活多样。学生可以在座位上集体展示，教师巡回查看评议。如果采用的是小组合作教学模式，可以学生先在小组内展示，组内成员相互评议，然后每个小组推荐1～2人进行展示，其他小组成员进行评议，最后教师进行点评。根据课堂教学形成的成果特点，可以直接提交实物进行展示，也可以通过现代信息技术，传到网络平台上进行展示。

评议要客观具体。无论是学生之间的评议，还是教师对学生的评议，都要针对形成的学习成果本身评议，要客观、公平、具体，不能偏颇、带有私人情绪、模棱两可；要认真总结成绩和经验，指出存在的不足和问题，以有利于教师改进教、学生改进学，不断提高教与学的有效性；评议要以肯定、鼓励为主，对于存在的问题，也要以帮助学生改进提高为目的，进行善意的提醒和分析，不能挫伤学生的积极性。

总结提升

展示评议结束后，教学项目或任务基本完成，但是还有最后的关键一步，就是要总结提炼本次课所学知识、技能的要点，并纳入学生已有的知识能力体系中，或者说，要按照学科逻辑对本次课的知识技能进行理性分析，提高学生的理论水平。特别是高等职业院校，培养的是技术技能人才，技术人才的最大特点是理论与实践相结合，既有较高的理论水平，又有较强的动手实践能力。实施项目化等教学改革，在强化学生动手实践能力培养的同时，还必须重视学生理论素养的培养。所以，每次新授课的最后，都要由学生或教师进行总结，使知识得以系统化、能力得到强化、素质要求得到巩固。

总结提升，一是对本次课的内容进行总结，系统梳理所有知识点、能力点和素质要求。二是与以前所学有关知识能力进行衔接，让学生清晰地认识到新学知识能力在整个知识能力体系中的定位，形成系统、整体的思维。三是要对接后续课程将要学习的知识能力点，为下次课的教学进行铺垫，同时，利于学生所学知识技能的迁移。所以，刚上课时的回顾复习，也可以放在这个环节来进行。

在这一阶段，还包括布置作业这个小环节。目的是使学生通过课外练习，独立运用所学知识技能，加深理解，巩固提升，养成独立分析和解决问题的能力；同时，布置下一次新授课学习需要学生提前预习或学习的内容及要求，特别是实行“翻转课堂”教学模式的，这个环节必不可少。

总之，高职院校的有效教学一般都会表现出“以能力素质为目标的整体设计，以小组为单位的团队协作，以情境为载体的项目任务，以实践为主线的参与体验”的特征。

以上只是指导性的、一般性的有效教学课堂结构，在教学实践中，鼓励教师根据课程特点进行创新调整，其前提是要体现有效教学的理念，实现促进学生发展的最终目的。

4. 有效教学对教师的基本要求

深入实施有效教学，教师除了应具备一般教师所具有的良好的师德、广博的专业知识、娴熟的专业技能、必备的教育学心理学知识外，还应注意以下方面。

(1) 要充满对教育事业、对学生的爱。教育是一门爱的艺术。爱是教育的基石。爱是对教师的最基本的要求。爱也是对教师的最高要求。没有爱，就没有教育。教师只有爱他所从事的教育事业，才能产生认真工作、主动研究、创新发展的动力；才能饱含感情、充满激情与韧劲地从事教学工作；才能更好地提高教学的有效性。高职院校的学生大多来自农村，大多来自高考成绩排名在后面的学生，他们渴望被尊重、被关爱、被认可。只有老师对学生真诚的爱，才能使学生感受到教师对他们感情上的接受与尊重，才容易调动起学生学习的内生动力，激发起学生的学习潜能，实现突破性的发展。阅读每一位优秀教师的事迹，他们共同的特点就是饱含对学生的爱、对教育事业的爱。没有对教育事业的爱，就不会对教学工作产生高度的认同感，就不会把教学工作作为自己的责任、事业，就不会把更多的精力放在教学上，就不会努力提升自己的教学水平。没有对学生的爱，就很难产生对学生的认同与接纳，就不能深入学生的内心，与学生进行平等交流；就不能得到学生对教师的认同、对教育的认同；就很难提高教学的有效性。所以，充满对教育的爱、对学生的爱，是实施有效教学的最基本的要求，也是最重要的要求。

(2) 要善于激发学生的学习动机。学习动机是指激励并维持学生朝向某一目的的学习行为的动力倾向。学习动机与学生的学习兴趣、学习需要、个人价值观、态度、志向水平、外来鼓励、学习后果（如学位、待遇及社会地位等）以及客观现实环境的要求（如考试、竞赛和升学）等诸多紧密相连。所以，动机的常见分类是分为外部动机和内部动机。内部动机是指当我们追求个人兴趣和能力的提高时所产生的一种寻求挑战并克服挑战的自然倾向。当我们激发内部动机时，我们的确不需要诱因或惩罚，因为活动本身对我们来说就是奖赏。当我们做一件事情时，这件事本身并不吸引我们，我们做它仅仅是为了得到一个好分数、避免惩罚、讨好老师或其他的什么理由，我们体验到的就是外部动机。很多高职院校的学生学习动力不强，只有在教师的督促和严格纪律的约束下，才会被动地去学习。研究表明，没有动力的学习不能持久，也很难发挥学生的主体作用——积极、主动地去学习。卢梭在《爱弥儿》中说：“让孩子产生学习欲望，那么一切方法都会是好方法。”动机的产生最初取决于需求，当需求发生变化时，动机也会发生变化。所以，要引导学生分析其需求，并把学习与其需求相联系，激发其学习兴趣，引发学习动机。学生如果完全不知道所学的东西对自己有什么用处，与自己的未来有什么关系，就很难调动起学习兴趣，也很难产生学习动机。要使学生产生学习动机，一项活动必须具有好几种特征，它必须根据情况，将学生的需求、兴趣和愿望考虑在内，也就是我们所说的对状态和行为的规划。把解释引向自我（“我是谁?”“我从哪儿来?”“我在哪儿?”）或重大问题，就能让学生产生动机。

提高学生学习动机的方法有很多，主要包括：一是成就动机训练。目的是帮助学生建立对学习结果的认同与责任感，也就是让学生明白：要想取得成功的结果，就必须通过努力去实现。所以，失败的责任在自己。要让学生感受到成功的快乐，任务的成功作为动机的结果，将成为动机的又一个来源；动机使学习者赋予他所学习的东西以意义，这种意义又会反过来加强动机。二是归因改变方案。通过引导学生改变对成败的归因来提高动机。通常，高职院校的学生容易把学业成绩不好归因于自己能力低或者智商不高等不可控因素或难控因素。教师要及时引导学生将失败归因于个人努力不够、学习方法不当等可控因素。要将多元智能理论介绍给学生，使学生明白，大多数人没有明显的智力水平上的差异，有的只是智能结构上的差异。

◇ 小知识

动机的强化视角

（肯尼斯·摩尔，《有效的教学策略：从理论到实践》）

因素	描述
正强化	通过展示一个愉快的刺激来加强一种行为或事件发生的可能性
负强化	通过去除一个不愉快的刺激来加强一种行为或事件发生的可能性
言语强化	通过展示正面的评论来加强行为或事件发生的可能性
非言语强化	将身体动作作为积极的结果来加强行为或事件发生的可能性
替代强化	由于想与其他有此表现的人获得一样的结果而强化的行为
反馈	对回应是否正确的揭示
奖励机制	正式的强化系统
相倚契约	教师和学生之间的正式的书面协议，规定学生为了得到奖励应该做的事情

◇ 小知识

培养和激发学生动机的方法和建议

（陈琦等，《当代教育心理学》）

1. 教学吸引：

（1）利用灵活的教学方法唤起学生的学习热情。

（2）加强教学内容的新颖性，吸引学生的注意力。

（3）充分调动学生在课堂练习中的积极性。

2. 兴趣激发：

（1）利用教师期望效应培养学生的学习兴趣。

（2）利用已有的动机和兴趣形成新的学习兴趣。

（3）加强课外活动指导，发展学习兴趣。

3. 反馈和评定：要及时、要具体、要经常。

4. 奖励和惩罚。

5. 合作与竞争。

6. 归因指导。

（3）要善于促进学生对所学知识技能的迁移。迁移是指在一种情境中所学到的知识、技能和形成的态度，对另一种情境中的知识、技能的掌握和态度的形成的影响。高职院校经常在具体情境中教学，实施项目化教学、任务驱动式教学。那么，学生就必须懂得如何将他们所学习到的知识、技能、态度，运用到各种不同的具体工作情境中去。约翰·D. 布兰思福特说过，“学校教育的一个主要目标是为使学生能够灵活地适应新的问题和情景而做准备。学生的迁移能力是学习的一种重要标志，它能帮助教师评估和改进教学。”迁移受学生对知识、技能理解程度的影响。过度情境化的知识技能不利于迁移，或者说在单一的情境中学到的知识、技能，不如在多样化情境中学到的知识、技能利于迁移。所以，在教学中，教师要善于为学生呈现多样化的工作情境。理论与实践相结合，情境与原理相结合，是促进学生实现迁移的最佳路径。迁移研究文献认为最有效的迁移源自具体例子和一般原理之间的平衡而不是非此则彼。

◇ 小知识

为迁移而教

（陈琦等，《当代教育心理学》）

由于认识到迁移现象在学习中的普遍性和重要性，教育界提出了“为迁移而教”的口号。影响迁移的因素很多，包括学生的个人因素（如智力、年龄、学生的认知结构、对学习的态度等）和一些客观因素（如学习材料的特性、教师的指导、学习情境的相似性等）。而且迁移贯穿了人一生中各种形式的学习中，所以为迁移而教并非一种显性的单一课程，而是教师在充分理解迁移的发生规律及其影响因素的基础上，在每一项教学活动中，在与学生的每一次正规与非正规的接触中都注意创设和利用有利于积极迁移的条件和教育契机，消除或避免不利因素，把为迁移而教的思想渗透到每一项教育活动中去。可以从以下方面着手：

1. 整合学科内容；

2. 加强知识联系；

3. 强调概括总结；

4. 重视学习策略；

5. 培养迁移意识。

（4）要善于进行教学反思。教学反思被认为是教师专业发展和自我成长的核心因素。教学反思，主要是指教师对教育教学实践的再认识、再思考，并以此来总结经验教训，以进一步提高教育教学水平。多数教学名师成长的经验告诉我们，加强教学反思，是促进教师专业成长的重要条件。现在很多教师会从自己的教育实践中来反观自己的得失，通过教育案例、教育故事或教育心得等来提高教学反思的质量。通过教学反思，教师可以及时总结经验找到存在的问题，扬长补短，增强成长的自觉。教学反思包括教学前反思、教学中反思、教学后反思。教学前反思的内容包含反思确定内容、阶段及具体实施方法对学生的需要和满足这些需要的具体目标，以及达到这些目标所需要的动机、教学模式和教学策略。教学中反思是教师在教学过程中，对不可预料情况的发生进行的反思，以及教师在和学生的互动中，根据学生的学习效果反馈对教学计划进行的调整。教学后反思围绕教学内容、教学过程、教学策略进行。教师进行教学反思的过程，是教师借助行动研究，不断探讨与解决教学目的、教学工具和自身方面的问题，不断提升教学实践的合理性，不断提高教学效益和教科研能力，促进教师专业化的过程；也是教师直接探究和解决教学中的实际问题，不断追求教学实践合理性、全面发展的过程。

◇ 小知识

用于日常反思的问题

（罗伯特·J. 马扎诺，《教学的艺术与科学——有效教学的综合框架》）

1. 用于常规活动和行为的教学模式

规则和程序：

我将使用什么样的规则和程序？

学生会记住具体的规则和程序吗？会提出新的规则和程序吗？

传递学习目标：

学生会记住具体的学习目标吗？会提出新的学习目标吗？

监测学生完成学习目标的进程：

学生会获得与掌握学习目标进展相关的反馈（如测试、测验或正式评估）吗？

我会要求学生记录或反思学习目标的进展吗?

鼓励与学习目标相关的成就:

学生会获得与掌握学习目标进展相关的鼓励吗?

2. 用于内容传递的教学模块

关键性输入经验:

在关键性输入经验的获得过程中,我能对学生需要多样化的媒介保持敏感吗?

通过轶事和叙述,我能扩充关键性输入经验吗?

我将使用什么方法以确保学生主动积极地加工新信息?在那些活动中,我会起到什么作用?

在这些活动中,我怎样使用分组形式?

知识练习和深化活动:

我将使用什么样的练习活动?我在这些活动中会起到什么作用?

我将使用多样化的练习活动吗?

我将使用什么知识深化活动?我在这些活动中会起到什么作用?

我将使用多样化的知识深化活动吗?

家庭作业在这些活动中会起到什么样的作用?

在这些活动中,我会怎样使用分组形式?

形成和检验假设任务:

我将怎样促进已经布置的假设形成和检验任务?

在这些活动中,我会起到什么作用?

家庭作业在这些活动中会起到什么样的作用?

在这些活动中,我会怎样使用分组形式?

3. 用于实施课堂活动的教学模块

课堂参与:

今天我将使用什么技术提高学生的课堂参与度?

在这些活动中，我能采用各种方法来满足学生需要吗？

匹配规则和程序的后果：

今天我将执行什么样的积极结果？

今天我将执行什么样的消极结果？

在这些活动中，我能采用各种方法来满足学生需要吗？

师生关系：

我能在指导和控制以及关注和合作之间取得平衡吗？

我将采取什么行动对学生传递出指导与控制？

我将采取什么行动对学生传递出合作与关注？

在这些行动中，我能采用各种方法来满足学生需要吗？

学习期望：

我将对哪些学生予以关注，以激发他们的积极参与？

我将采用什么技术向低期望学生传递合适的情感基调？

我将采用什么方法来提高与低期望学生的互动质量？

在互动活动中，我能采用各种方法来满足学生需要吗？

◇ 小知识

反思的方法

（陈琦等，《当代教育心理学》）

教师应当怎样对自己的教学进行反思呢？布鲁巴奇（J. W. Blubacher，1994）等提出了以下四种反思的方法。①反思日记：在一天的教学工作结束后，要求教师写下自己的经验，并与其指导教师共同分析。②详细描述：教师相互观摩彼此的教学，详细描述他们所看到的情景，教师们对此进行讨论分析。③职业发展：来自不同学校的教师聚集在一起，首先提出课堂上发生的问题，然后共同讨论解决的办法，最后得到的方案为所有教师及其他学校所共享。④行动研究（action research）：为弄明白课堂上遇到的问题的实质，探索用以改进教学的行动方案，教师以及研究者合作进行调查和实验研究，它不同于研究者由外部进行的旨在探索普遍法则的研究，而是直接着眼于教学实践的改进（王小明、胡谊）。

教学评价阶段

评价一堂课是否有效，是否达到“让每一堂课都有价值”的目标要求，最终要看是否或在多大程度上使学生学有所得。但是，学生的成长与发展是一个缓慢的过程，在短短的一堂课内有时很难直接观察到。为了提高课堂教学的有效性，推进有效教学改革，就必须明确其评价标准。

在英美等西方发达国家，他们一直比较重视专业性课堂教学有效性标准的制定与实施。在美国，几乎每个州和各个学区都有自己的课堂教学有效性标准，有些大学还成立“教学有效性委员会”等专门机构。较有影响的两个标准框架，一是由罗兰·萨伯（Tharp R.）领导的芝加哥大学“教育、多样性、卓越化研究中心”开发的5条课堂教学有效性标准，5条标准分别是：师生共同参与创造性活动；在课程实施中发展学习者的语言及读写能力，创造意义；把教学与学生的生活联系起来；教学生复杂的思维技能；通过会话进行教学。另一个是由夏洛特·丹尼尔森（Danielson C.）负责研制的“专业实践构成框架”，这个标准框架包括计划与准备、教学环境、教学、专业职责四大领域，22个组成部分以及66个要素。每个要素又分为“不合格”“基本合格”“熟练”“优秀”四个层次的行为发展水平要求，这些要求和操作层次水平为提高教师专业能力提供了一个方向和指南，为提高教学的有效性提供了标准和借鉴。

◇ 小知识

罗兰·萨伯的课堂教学有效性标准

（孙亚玲，《课堂教学有效性标准研究》）

标准	指标
标准Ⅰ： 师生共同参与创造性活动（Joint productive activity，JPA）。	教师： 设计教学活动，要求学生合作完成一项共同参与的学习项目和研究课题； 在允许的时间内达到共同参与建设性活动所要达到的要求； 座位安排要适应学生个体和小组交流与学习的需要； 参与到学生的联合活动中； 以各种方法将学生分组，比如以学生之间的友好程度、以不同的学习水平、语言、课题、兴趣等为依据，以激发学生间的互动； 和学生一起计划如何在小组内展开活动，怎样从一个活动转到另一个活动，比如从大组的（集体的）课堂讲授到小组的活动，诸如大扫除等类似的活动； 组织学生、教师所使用材料和技术设备，以促进共同参与活动的开展； 以积极的、正面的方法支持、监督学生的合作活动。
标准Ⅱ： 在课程实施中发展学习者的语言及读写能力（Developing language and literacy across curriculum，LLD）。	教师： 听学生讲一些熟悉的话题，比如有关家庭或社区的话题； 对学生的谈话、问题作出反应，作出及时调整以便和学生的意见直接相关； 通过示范、模仿、诱导、探索、重述、详细说明、提问、表扬等一切合适的方法鼓励学生发展语言； 尊重学生的语言表述风格，这也许和教师的风格不同，比如等待时间、目光的接触、说话伦次等，通过这些与学生互动； 通过听、说、读、写活动把学生的语言与所学内容联系起来； 鼓励学生用所学内容的词汇表达自己的理解； 在教学活动中，为学生提供频繁的与同伴和教师互动的机会； 在教学活动中鼓励学生使用母语和外国语（第一、二语言）。
标准Ⅲ： 创造意义：把教学与学生的生活联系起来（Making meaning：Connect school to students' Lives，MM）。	教师： 以学生从家庭、社区、学校已经获得的知识和经验开始； 以当地社区的中等程度的知识为基础设计教学活动，使其对学生有意义； 通过与学生、家长、社区成员的交谈和阅读有关文献了解当地社区的规范； 帮助学生把在学校学到的知识与其家庭和社区联系，将其所学知识应用到家庭或社区； 与学生共同计划设计以社区为基础的学习活动； 为家长提供参与课堂教学的机会； 提供多样化的学习活动，包括学生偏爱的，可以是集体的、合作的，也可以是个体的和竞争性的活动； 提供不同风格的会话和参与活动，包括学生喜爱的活动，比如共同叙述、点名回答或者齐声说话等。

续表

标准	指标
标准Ⅳ： 教学生复杂的思维技能（Teaching complex thinking，CT）。	教师： 教每一个教学内容时，要假定学生都是把整体看作是理解部分的基础； 为学生学习提出有挑战性的标准要求； 设计教学活动，以促进学生的理解向更复杂的层次发展； 通过联系他们的真实生活世界，帮助学生完成更加复杂的理解； 对学生的表现作出清晰、直接反馈，把学生表现同既定标准对照。
标准Ⅴ： 通过会话进行教学（Teaching through conversation，IC）。	教师： 安排课堂教学活动，以适合教师经常性地同学生小组会话； 有一个清晰的会话的学术目标，以引导教师和学生的会话； 保证教师比学生说话的比例小； 使会话包含学生的观点、判断、理念，使用书本上所学的证据和事实性的支持依据； 根据学生喜好，确保所有学生都参与到会话中； 认真地倾听并评价学生的理解水平； 在会话过程中，运用提问、复述、赞扬、鼓励等措施帮助学生学习； 指导学生准备一种作品，以标志会话教学的目标达到了。

◇ 小知识

丹尼尔森“专业实践构成框架”

（孙亚玲，《课堂教学有效性标准研究》）

领域	组成部分
领域一：计划与准备	掌握教学内容与方法 了解学生 选择教学目标 利用资源 设计教学 评估学生的学习
领域二：教学环境	创设尊重与和睦的教学环境 建立一种学习文化 组织与管理教学过程 管理学生行为 管理物理空间
领域三：教学	清晰准确地交流 运用提问与讨论技术 使学生参与学习 为学生提供反馈 灵活、迅速地做出反应

续表

领域	组成部分
领域四：专业职责	教学反思 保持准确地记录 与学生家长保持交流与沟通 服务于学校和社区 专业成长与发展 表现出职业（专业）风范

为了加强教学工作，我国各级各类教育行政部门和学校也分别制定并实施了相应的课堂教学评价标准。我国学者对有效教学标准的研究成果也较为丰富。孙亚玲教授收集了1997～2007年在全国教育报刊或者在互联网上公开发表的课堂教学评价研究论文、报告和著作43篇（部），经统计分析，所列的指标中，都是要求教师从哪些方面完善课堂教学行为的，表现为对教学效果（25篇）、教学内容（23篇）、教学方法（19篇）、教学态度（18篇）、教学目标（12篇）的重视，而对学生学习行为以及教师调动学生学习能力等方面有所忽视。在大量研究的基础上，孙亚玲教授提出了“课堂教学有效性标准框架”，该框架包含一级标准5项，二级指标27项，每一项二级指标又包括四个层次水平的定性描述，对推进有效教学改革提供了借鉴。

◇ 小知识

孙亚玲“课堂教学有效性标准框架”

（http：//blog. sina. com. cn/s/blog _ 5d9a65e30100geew. html）

一级标准	二级指标	表现
A教学目标	A1 有价值，体现高期望	教学目标不是一些表面的、浅层次的知识记忆和机械练习，不是单纯的考试分数，而是促进学生的高级思维、能力培养和高尚品格的建立和提高。相信所有学生都能完成高水平的学习。
	A2 清楚、具体、可操作	描述目标所用的词汇具体、通俗、方法实用，比如是写于黑板上还是口头解释给学生。

续表

一级标准	二级指标	表现
A 教学目标	A3 适合学生需要	有证据表明教师所制定的教学目标为学生所理解，了解学生的需要；能为不同水平的学生提出不同层次的目标要求。
	A4 全面、综合、深刻	目标涉及德智体各个方面和各个层次，但每节课又有重点。
	A5 明确考核内容和方式	明确告诉学生考核的内容和方式，不搞突击袭击。
B 教学活动	B1 设置教学情境	教学在一定的情境中进行，教学情境与教学目标、教学内容吻合，学生主动参与。
	B2 活动目标明确，与学习内容一致	教学活动的安排在形式、内容和层次方面都符合教学目标的要求，为更好地实现教学目标服务。
	B3 小组活动	使用多种方法分组，对学生在组内的行为提出期望或要求，小组间分享资源，小组成员各司其职，全员参与。
	B4 师生互动	在学生需要时，教师提供了所需帮助，但又不代替学生，教师的行为确实促进了学生的高层次思维。
	B5 生生互动	学生注意力集中，获得同伴的帮助，尊重同伴的见解，承担组内分配的任务等。
	B6 活动与作业	教学活动与学生作业有关，能够帮助学生更好地完成作业，学生的作业表现出创造性。
C 教学能力	C1 清晰准确地交流	教师的讲解和说明能为学生所理解，学生能够用自己的话把教师所讲的内容复述出来，或者学生的提问、回答、作业表明学生理解了老师所讲授的知识。
	C2 运用提问与讨论技术	运用提问技巧，提问的质量高、时机正确；学生有足够的时间回答，尊重学生的意见。讨论问题有价值，能引起学生思考，所有学生都参与了讨论。
	C3 经常变换教学方法	教师的教学方法多样，能根据内容的需要选择合适的方法，学生积极参与学习，表现出极大的学习兴趣。
	C4 训练学生的学习方法、思维、元认知能力	教师能有计划地根据学科特点培养和训练学生的学习方法和思维能力，学生的学习方法和创造思维能力有很大提高。
	C5 运用教学资源、信息技术	利用现有条件开发教学资源，运用各种方法使用教学资源。教学技术的使用非常恰当，促进了学生的学习。

续表

一级标准	二级指标	表现
D教学反馈	D1 为学生提供反馈	教师利用考试、测验、作业批改、谈话、回答学生提问等方式为学生提供反馈。
	D2 与家庭的沟通和交流	有与家长沟通和交流的事实，沟通和交流的方式恰当，而不是告状，结果促进了学生的发展。
	D3 教学反思	教师努力对自己的教学进行反思，比如教学日记、教学追忆、教学实况录像、教学研究成果、征求学生意见，与同行或学生讨论自己的教学，教学反思记录等。
	D4 课堂评价	教师能对自己的教学做理论分析，做出是否有效的评价。
	D5 作业、考试与测验	已布置的作业样品、学生作业抽样，教师的批语、反馈意见等。
E教学组织与管理	E1 有明确的课堂纪律	事先建立了课堂规范（比如，教师的讲课、学生离开座位、小组活动、制作活动、课内作业以及违法纪律）并带头遵守。
	E2 创建一种健康、有益的学习文化	学生能够自由表达其情感和意见，教师鼓励适当的学生行为，对学生的良好表现作出及时地、恰当的回应。教师重视并把学生的问题都受到尊重，教师和学生都为这个环境献计献策，同时分享学习成果，学生感到班级的温暖。
	E3 有效分配、利用课堂时间	每项活动所占用的时间长短合理，没有非教学行为，课堂纪律良好，绝大多数学生主动学习，对学生行为的管理有效等。
	E4 组织与管理教学过程	建立了有效的课堂常规，教学过程没有失控表现，活泼但不沉闷。教学过程自然、符合学生的需要。
	E5 管理学生行为	教师处理违纪学生的办法得当，没有对整个班级造成消极影响。
	E6 管理物理空间	座位安排方便学生活动，没有或最低程度的对教学造成不良影响。

借鉴吸收国内外有效教学标准研究成果，针对高职院校教学特点和学生实际，考虑其简洁性、可操作性，提出评价一堂课是否有效的指标主要有六项：

一是教学准备。主要包括要求教师上课时要带好教材、教案、点名册；学生要带好教材、笔记本、笔（这是针对职业院校部分学生上课只记得带手机，经常不带教材、笔记本等现实提出来的），简要概括为“师生‘三带’”。

二是教学常规。能体现有效教学改革的基本理念，突出学习中心，在教态、教具、板书、普通话、现代信息技术运用等方面符合要求，简要概括为“规范化”。

三是教学目标。要求整堂课要突出能力目标，知识目标简洁明确，全面渗透职业素养教育，简要概括为“能力目标，素质渗透”。

四是教学管理。强调学生的到课率要高，并及时纠正学生不带教材、笔记本及打瞌睡、玩手机游戏等不良现象，恰当处理突发事件，简要概括为“到课率高”。

五是教学实施。强调突出学生主体地位，大部分学生能积极、主动地参与到教学全过程，积极思维，实现教学做合一、学思行结合，简要概括为“参与率高”。

六是学习评价。每次课都要有对学生掌握知识技能性的评价，评价标准明确，形式灵活，学生学习成效明显，简要概括为“达标率高”。课堂教学评价的形式灵活，可以是常规的纸上小测试，也可以是灵活的师生问答，也可以是基于现代信息技术的小测试，或者是对学生完成作品、学习成果的评价等等。

课堂教学评价表

任课教师：　　课程名称：　　听课班级：
听课地点：　　时　　间：　　年　月　日　　节次：

评价项目	评价标准	评价				
		5	4	3	2	1
教学准备	准备充分。教材、教案、点名册等材料齐全。					
教学常规	教学规范。教态、板书、普通话、教具、现代教育技术应用等良好。					
教学目标	突出能力目标。知识目标简洁明确，全面渗透职业素养教育。					
教学管理	学生到课率高。及时纠正不带教材、笔记本及打瞌睡、玩手机游戏等现象，恰当处理突发事件。					

续表

评价项目	评价标准	评价				
		5	4	3	2	1
教学实施	学生参与率高。重视教学设计，学生主体地位突出，教师指导及时巧妙，教、学、做合一。					
学习评价	学生达标率高。每次课都有评价，评价标准明确，形式灵活，学生学习成效明显。					
课堂教学总体评价标准：突出学生主体，重视能力培养，学生学习成效明显。						
学生应到人数________，实到人数________，旷课人数________，教师迟到________分，早退________分。						
建议： 听课人：						

简单来讲，评价有效教学的标准如果只有一条，那就是要问一下学生和自己："这次课是有价值的吗？"如果有两条，就是要问一下学生或自己："通过这次课的学习，学生理解了多少？""通过这次课的学习，学生能做或会做什么？"如果再复杂一点，就是上述六项评价指标了。这就是对基于理解和实践的高职院校有效教学的评价基本要素。

◇ 小知识

前测评价、形成性评价以及后测评价的特征

（肯尼斯·摩尔，《有效的教学策略：从理论到实践》）

	前测评价	形成性评价	后测评价
目的	确定困难，对学生进行分班（或分级）。	通过反馈促进学习。	评估总体成效。
性质	针对一般性知识提出的诸多问题。	数量较少的、针对某些专门教学提出的问题。	针对专门的以及概要性知识提出的诸多问题。
执行频率	因人而异：通常在教学前执行。	很频繁：通常在教学过程中执行。	只执行一次：通常是在教学的最后阶段。

七、信息化条件下有效教学的实施策略

当前及今后一段时期，对世界经济社会发展影响最大最为广泛的是信息化技术，教育领域也不例外。2012 年，我国发布的《教育信息化十年发展规划(2011—2020)》提出，“以教育信息化带动教育现代化，是我国教育事业发展的战略选择”，要“推进信息技术与教育教学深度融合”。2015 年 5 月 23 日，首届国际教育信息化大会在青岛开幕，习近平总书记在贺词中指出“建设‘人人皆学、处处能学、时时可学’的学习型社会，培养大批创新人才，积极推动信息技术与教育融合创新发展，是人类共同面临的重大课题”。信息化大潮滚滚而来，必将对教育、教学产生深远的、革命性的影响。

教学工具与教学方式的变化史

在语言产生前，人们主要是通过身教、模仿的方式传递生产和生活经验，这种模式的教与学存在于每个部落、每个族群、每个家庭，是原始的泛在学习。在语言产生后，人们可以通过言传身教的方式进行教学，宽泛意义上的学徒制是当时重要的教学方式，人们可以更灵活、更有效率地掌握更多的知识技能。文字的产生，使人类的生产生活经验能在大脑之外进行储存和积累，使知识和技能得以更好的保存和传递，虽然在刚开始时，只有极少数社会上层人士能学习文字，他们处在社会的顶层，有更多的特权和机会掌握知识和技能，以保持他们的阶层特权和优越性；直到孔子设“私学”，有教无类，打破学在官府的局面后，教学才逐步下移到社会底层，普通百姓才有机会学到更多的知识和技能。印刷术的发明与书籍的出现，使知识与技能的储存和传递更为灵活、更具可持续性，教科书逐渐成为主流教育中的重要组成部分。这在某种程度上，改变了长辈、教师是唯一的知识来源，是某一领域的绝对权威等的现状，使教学更为便捷、客观，也使人类的教育逐步进入标准化时代。在不同地方、处于不同时空的人，也可以拿着相同的教科书，读着相同的文字，做着相同的题目，学着相同的内容，并且可以反复地学习。在很长一段时间里，教材是金科玉律，是绝对权威，不容怀疑或修改，只能教师利用黑板、粉笔对教材内容进行详细讲解。直到最近几年，各层各级教育专家，特别是大学、职业院校的专家和教师，围绕教育目的、教学目标，结合地方特点，对教材进行了多样化建设，以更易于学生理解和接受。现代信息技术的快速发展，为教学提供了更加便捷、直观、丰富的工具，教师可以配合教材，通过音频、视频、动画等网络资源进行教学，极大地丰富了教学内容和教学方式，提高了学生的学习兴趣，激发了学生的学习动力，提高了教与学的效率和效果。从以上简略的教学工具和方式的发展史来看，信息化是能大大提高教学效率的一种工具、一种方式，而不是教育或教学的目的。

信息化教学

聚焦于教与学，在信息化条件下推进有效教学的基本思路是，充分利用现代信息技术，促进理解，促进实践，促进教学做合一，促进学思行合一，最终促进学生的全面发展。信息化是手段、是措施，不是目的。不能为了信息化而信息化，要为了更加有效地促进教学、促进学生的全面发展而信息化。

信息化教学，要能更好地促进学生对知识的理解。运用现代信息化技术，教学内容可以文字、图片、音频、视频、动画等丰富多彩的形式来反映，不仅能激发学生的学习兴趣，而且能加强教学的直观性，有助于学生对知识的理解和掌握。

信息化教学，要能更好地促进学生对技术技能的运用，提高他们的动手实践能力。通过现代信息技术，可以更直观地展示、演示产品的制作流程、工作的基本流程，可以让学生在虚拟仿真平台上进行安全、有效的反复练习，在此基础上，到现实工作环境中去实训、实习、顶岗，提高对技术技能的掌握水平。

信息化教学，要能更好地促进教学做合一、学思行合一。通过信息化教学手段的充分利用，可以更灵活地统筹使用国内外各类教育教学资源，降低教学时间和成本，使教与学的形式更灵活、效率更高，使做的时间更充足，能得到更多、更具体的指导；能以更丰富的内容、更灵活的形式激发学生的学习、思考和实践。最终，通过信息化教学，能更好地促进学生的全面发展。

信息化教学的主要形式

微课

“微课”是根据教学标准和课程标准，以教学视频为主要载体，基于某个知识点、技能点或教学环节精心设计和开发的相对完整的可视化微型教学资源。它的主要内容是课堂教学视频，同时也可包含与该教学主题相关的教学设计、素材课件、教学反思、练习测试、学生反馈、教师点评等教学资源，它以一定的组织关系和呈现方式构建了一个主题集中用时较短的课程形式。“微课”不同于传统单一资源类型的教学课件、教学设计、教学反思等教学资源，是在其基础上继承和发展起来的一种新型教学资源。它也有别于“慕课”，它是小规模的，可以通过网络传播，也可以单机实施；可以作为单独的学习资源，也可以配合传统教学形式进行“翻转教学”。

微课的主要特点有：一是时间短。一节课的时长一般为5～8分钟，最长不超过10分钟。因此，相对于传统的40或45分钟的一节课，“微课”可以称之为“微课程”。二是主题集中。它的内容主要是传统课堂教学中的某个知识点、技能点或教学环节，教学重点、难点或热点问题，相对于传统一节课要完成的教学内容而言，它的内容更加精简、集中、单一，因此又可以称为“微课堂”。三是容量小。“微课”视频及配套辅助资源的总容量一般在几十兆左右，视频格式须是支持网络在线播放的主流媒体格式（如RM、WMV、FIV等），师生可流畅地在线学习；也可将其下载保存到终端设备（如笔记本电脑、手机等）上进行移动学习、泛在学习，也可供教师进行课程观摩、评课、反思和研究。

慕课

慕课（Massive Open Online Course，简称MOOC或MOOCs），英文直译为“大规模开放在线课程”，“M”是Massive的缩写，即“大规模”，与传统上一门课程只有几十个学生不同，一门MOOCs课程可多达千人、万人甚至更多；第二个字母“O”是Open的缩写，即开放，也就是慕课不受时间、地点、国籍等方面限制，凡是有意学习的，都可以注册参与进来；第三个字母“O”是Online的缩写，即“在线”，是指课程的学习主要在网络上进行；第四个字母“C”是Course的缩写，即“课程”，是传统教育意义上的课程概念。

MOOC这个术语是2008年由加拿大爱德华王子岛大学网络传播与创新主任与国家人文教育技术应用研究院高级研究员联合提出来的。在由阿萨巴斯卡大学技术增强知识研究所副主任与国家研究委员会高级研究员设计和领导的一门在线课程中，为了响应号召，Dave Cormier 与 Bryan Alexander 提出了MOOC这个概念。George Siemens与Stephen Downes设计和领导的这门课程名叫《连通注意与连通知识》，有 25 位来自曼尼托巴大学的付费学生，还有 2300 多位来自世界各地的免费学生在线参与了这门课程的学习。所有的课程内容都可以通过 RSS feed 订阅，学习者可以用他们自己选择的工具来参与学习：用 MOODLE 参加在线论坛讨论，发表博客文章，在虚拟时空中学习，参加同步在线会议。

从 2008 年开始，一大批教育工作者，包括来自玛丽华盛顿大学的 Jim Groom 教授以及纽约城市大学约克学院的 Michael Branson Smith 教授都采用了这种课程结构，并且成功地在全球各国大学主办了他们自己的大规模网络开放课程。最重要的突破发生于 2011 年秋，来自世界各地的 160000 人注册了斯坦福大学 Sebastian Thrun 与 Peter Norvig 联合开出的一门《人工智能导论》的免费课程。

MOOC 课程在中国同样受到了很大关注。根据 Coursera 的数据显示，2013 年 Coursera 上注册的中国用户共有 13 万人，位居全球第九。而在 2014 年达到了 65 万人，增长幅度远超过其他国家。以 MOOC 为代表的新型在线教育模式，为那些有较强学习欲望的青年学生提供了前所未有的机会和帮助。

MOOC 与传统意义上的课程一样，包括计算机科学、自然科学和工程学等科学学科，也包括社会科学和人文科学等学科，它的目的也是培养学生成为高水平的专业人才。绝大多数课程都是免费的，也有些是收费课程，学习者可以自己选择是否购买。学完一系列课程后，可以得到一份学业证书。

它的课程建设十分灵活，并且有很强的现实针对性，很多课程是采取将分布于世界各地的授课者和学习者通过某一个共同的话题或主题联系起来的方式方法来进行的。这些课程通常对学习者没有特别的要求，但是大都会以每周研讨、话题等形式，提供一种大致的时间表，其余的课程结构也是最小的，通常会包括每周一次的讲授、研讨问题以及阅读建议等等。

为保证学习效果，每门课程都会安排频次较高的小测验，有的也会安排期中和期末考试。考试一般由同学评分（比如一门课的每份试卷由同班的五位同学评分，最后分数为平均数）。学习者可以成立网上学习小组，或跟附近的同学组成面对面的学习小组，以提高学习效率。

它的主要特点：一是规模大。它主要是指那些大型的或者大规模的课程，不包括个人发布的一两门课程。二是开放性。不受国籍等影响，任何人在任何时间和地点都可以参与学习。三是网络化。在互联网上进行课程建设和自主学习。

翻转课堂

翻转课堂是从英语“Flipped Classroom”翻译过来的术语，又叫“反转课堂”或“颠倒课堂”等。其最初的构想来源于美国林地公园学校（Woodland Park）的乔纳森·伯尔曼（Jonathan Bergman）和亚伦·萨姆斯（Aaron Sams）这两位化学教师。2007 年，他们开始使用视频软件录制 PPT 并附上讲解声音，然后将录制的视频上传到网络，以此为缺席的学生进行补课。不久他们进行了更具开创性的尝试，逐渐以学生在家看视频、听讲解为基础，在课堂上，老师主要进行问题辅导，或者对做实验过程中有困难的学生提供帮助。

翻转课堂的基本思路是：把传统的学习过程翻转过来，让学习者在课外时间完成针对知识、技能的自主学习，课堂则变成了教师与学生互动的场所，主要用于解答疑惑、汇报讨论，从而达到更好的教学效果。

翻转课堂颠倒了传统课堂“课上听老师讲课，课后做作业”的教学安排，颠倒了传统课堂中知识传授与知识运用两个阶段，教师不再占用课堂时间来讲授新课，这些内容让学生在课后自主学习，教师利用课堂上的宝贵时间，以师生互动和学生运用所学内容进行实践为主要形式，加强学生对自学内容的理解与应用，改变了师生角色及传统的教学结构、教学流程，体现了建构主义的基本思想，在很大程度上激发了学生的学习动机，提高了学生在课堂上的参与度，提高了学生学习的自主性。

翻转课堂的基本结构是：

课前：学生自主学习。

课中：学习汇报、交流讨论、成果展示、总结提升、学习检测。

其实，翻转课堂的理念并不新奇，在我国，曾经有类似的教学方法，比如出现于20世纪70年代末由邱学华在“尝试教学法”中明确提出的“先学后教”理念，教学顺序改变为学生先学而教师后教，通过改变教学中的师生关系使学生成为教学的主体，教师转变为指导者和辅助者。现在仍在实践并取得明显成绩的山东的杜郎口中学，他们自主创新提高了“三三六”教学模式，即课堂自主学习的三个特点：立体式、大容量、快节奏；自主学习的三大模块：预习、展示、反馈；课堂展示的六环节：预习交流、明确目标、分组合作、展现提升、穿插巩固、达标测评。都与当前的翻转课堂理念基本相同，不同的是，学生不是使用微视频和在线学习，而是使用导学案、课本和习题册进行课前自学，课上进行讨论与练习。

微课、慕课与翻转课堂

微课是一种教学资源，把众多的微课按照一定的逻辑结构组合起来，形成一定的规模，可以升级为慕课；慕课不仅有大量的微视频，而且是一种教学组织形式，有学习、作业、测试等更为丰富的教学内容；翻转课堂是一种教学模式，它可以与微课、慕课结合起来共同实施，它所侧重的是教学流程与结构的变化。翻转课堂翻转的是教师讲课的时间和地点、学生学习与讨论的时间和地点，如果没有新的教育理念的指导与落实，很容易成为传统接受性学习、“满堂灌”的“现代版”，不过是将原来“口头讲述式灌输”转化为“信息化外衣的视频灌输”而已。正如华东师范大学的钟启泉教授所说的“某些慕课还不如说是应试教育课堂搬家，是应试教育的精致化、普及化”。并且，如果每门课程都以翻转课堂的模式进行，会增加学生的学业负担，也如倪闽景先生所说："从现在的慕课现状来看，有人认为可以实现基础教育的课堂翻转，大量的知识可以放在课外通过网络来自主学习，但是我认为这种做法是有悖教育伦理的——在课程标准高度统一和考试模式极其单一的情况下，让学生大量利用课外时间学习，势必会加重学生课业负担。"所以，在教学实践中，人们对翻转课堂有较大的争议，它并没有引起想象中的普及运用，在国外也是如此。

所以，学者王秋月认为："慕课"不能完全颠覆传统的实体课堂，不能代替老师在课堂上的现场点拨和指导，只能作为课堂教学的一种补充。其作用主要表现在：适于教师在备课时借鉴学习，适于转化学习困难的学生，适于家长辅导孩子，适于学生的课后复习，适于缺课学生的补课和异地学习，适于假期学生的自学。

混合式教学模式

目前，国际教育技术界的共识是，只有将面对面的教学与网络教学结合起来，使二者优势互补，才能获得最佳的学习效果（高东怀，裴立妍），这就是混合式教学模式。

混合式教学（Blended Learning，简称 B-Learning）是指把传统的课堂教学优势（C-Learning）和数字化或网络化教学（E-Learning）的优势结合起来组织的教学。实施混合式教学模式，是教学工作积极应对信息化大潮的一种尝试，是信息化条件下对新教育教学理念的落实。对高职院校来讲，对有效教学改革来讲，混合式教学模式，要体现以学生的发展为中心、以学生为主体的理念，要体现能力为本的理念，要体现促进学生理解、实践的理念，能促进教学做合一、学思行合一理念的教学模式。混合式教学是推进有效教学改革的新形式，是信息化背景下教学改革的主要趋势和潮流。

翻转课堂是混合式教学模式的一种表现形式，但绝不是唯一的方式。

基于有效教学理念的混合式教学模式

基于有效教学理念的混合式教学模式的基本思想是：

有效教学理念	混合式教学模式思想
以学生的发展为中心	以促进学生的发展为出发点和落脚点
基于理解的教学	课前或课中——实现前理解 课中——实现深度理解 课中或课后——实现拓展理解
基于实践的教学	课前或课中——实践准备 课中——具体实践 课中或课后——拓展应用
促进教学做合一	理论与实践相结合
促进学思行合一	突出学生主体地位；强调学生思维能力的培养；强调学生动手实践能力的培养

基于有效教学理念的混合式教学模式设计思路是：

教学阶段	课堂结构	教师（时间/方式）	学生（时间/方式）
课前或课中	明了任务 讲解示范	开发并发布教学资源（课前/线上） 发布教学任务（课前或课中/线上或线下） 学习辅导（课前或课中/线上或线下）	明确教学任务 自主学习 课前交流
课中	讲解示范 合作学练 展示评议 总结提升	组织学生展示（线上或线下） 交流讨论（线上或线下） 总结提升（线下） 当堂测试（线上或线下）	展示学习成果 交流讨论 实训实践 总结提升
课后或课中	总结提升	更新资源（课后/线上） 课后辅导（线上或线下）	纠错测试（课上或课下/线上或线下） 交流讨论（课下）

充分利用现代信息技术，提高课堂教学的有效性，是实现“让每一堂课都有价值”目标的时代要求，也是教育发展的大趋势。

八、泰山职业技术学院实施有效教学改革的实践

自 2014 年始，泰山职业技术学院就大力推进有效教学改革。他们的主要做法是：

统一部署——明确要求

坚持思想引领。思想是行动的先导，在这一阶段，重点是解决老师们的思想问题，明确提出“让每一堂课都有价值”的目标要求，让老师们明白，职业院校教学质量的提高，关键在课堂！要从课堂教学入手，同步推进课程改革、教学条件改善，全面提升人才培养质量，提高职业教育的生命力和社会声誉。要让老师们树立起“以学生发展为中心的”教学理念，明确基于理解、基于实践的有效教学改革理念，灵活运用各种方式，落实教学做合一、学思行合一的理念。在前期充分准备的基础上，学院下发关于推进有效教学改革的文件，明确改革的目的、理念和要求，大力推进项目化课程改革和行动导向教学方法改革。主要通过专家培训等形式提高认识，转变观念。

坚持目标导向。要让老师们认识到，只有让每一次课都更有效率、有效果、有效益，“让每一堂课都有价值”，才能较好地完成课程教学目标；只有每一门课程的教学目标任务完成了，整个专业的人才培养目标才能实现，才能培

养出高素质的技术技能型人才。要让老师们明白，改革是为了促进每一位学生得到更好、更快的发展，为社会培养更多优秀的专业技术人才。要让老师们始终围绕提高人才培养质量的目标，推进各项改革，开展各项工作。

在这一阶段，主要通过邀请专家进行培训、学习文件要求等，提高老师们的思想认识水平。通过实施“请进来、走出去”等措施，聘请全国知名职教专家，尤其是高等职业教育课程改革领域的专家学者进校，对所有专任教师进行全员培训，掌握先进职业教育课程理念和操作实务。组织专业负责人、教学骨干等到省内外国家示范骨干校实地考察学习他们的先进经验。从思想上让教师认识到教学改革的重要性、紧迫性，从理念上掌握教学改革的要求和方法。

也可以充分利用现代信息技术，通过微信等网络平台，推送有关教育教学新理念、新举措和新要求。

自我诊断——教学五问

坚持问题导向。在明确目标要求的基础上，要求老师们对照教学新理念、新要求，通过问自己五个问题，对个人以前的教学情况进行自我诊断，针对自己教学中存在的问题，有针对性地进行改进。

1. 在我的课上，学生的到课率如何？

2. 在我的课上，学生的参与率如何？

3. 在我的课上，能理解我所讲内容的学生大约占多少比例？

4. 在我的课上，讲授时间与交流时间、动手实践时间的比例大体是多少？

5. 通过学习我的课程，学生能学到哪些知识、技能，提高哪些素质？

这几个问题都很容易回答，也花费不了老师太多时间。通过这几个问题，可以自我分析、诊断课堂教学的有效性，自行判断是否达到了“让每一堂课都有价值”的目标要求。

1. 关于“在我的课上，学生的到课率如何?”这个问题的回答，可能的答案有：

学生到课情况很好，一般都是全勤。

学生到课情况一般，有的偶尔迟到、早退、旷课。

学生到课情况较差，很少有全勤情况，有的长期不来上课，很多学生经常迟到、早退、旷课。

学生到课率的情况，不是一件教学管理的小事件，在一定程度上反映了教师的教学水平和管理水平，反映了课程的教学质量。教师应多从自身寻找原因，而不能仅仅归因于学生基础差、学习习惯不好等客观原因。教师要反思自己的整体教学质量是不是过关，是不是激发了学生的学习兴趣与学习动力，是不是实现了“让每一堂课都有价值”的追求。

2. 关于“在我的课上，学生的参与率如何?”这个问题的回答，可能的答案有：

学生参与率很高，全班学生都能积极思考，跟随老师的思路完成各项教学任务。

学生的参与率一般，仅少数学习成绩较好的同学在认真听讲，并积极参与、反馈学习情况。

学生的参与率很低。几乎没有学生响应老师的教学，很多学生在玩手机、聊天、睡觉。

学生参与教学的情况，表明学生的思维与教师思维一致性的程度，表明学生“学思结合”的程度，也在一定程度上说明学生对教师所传授内容的理解程度。如果学生参与率低，教师要从教学内容、教学方法等方面进行反思，并进行改进。

3. 关于“在我的课上，能理解我所讲内容的学生大约占多少比例?”这个问题的回答，可能的答案有：

我所讲的内容，绝大部分学生能理解。

我所讲的内容，只有一部分学生能够理解。

我所讲的内容，只有极少几个学生能理解。

学生对所学内容的理解程度，表明教学有效性程度，也表明这堂课对学生们来讲“有价值”的程度。如果只有很少数学生能理解，这说明这堂课是低效的课堂。教师也需要反思导致学生不能理解的原因，如果确实是因学生的基础较弱，就应在此基础上寻求教学改革的突破点。

4. 关于“在我的课上，讲授时间与交流时间、动手实践时间的比例大体是多少?”这个问题的回答，可能的答案有：

教师个人讲授时间少，师生交流与学生动手实践时间多。

教师个人讲授时间较多，师生交流时间较少，学生动手实践时间较少。

教师个人讲授为主，很少或者没有师生交流，学生动手实践集中安排在一段时间进行或没有单独安排。

对这个问题的回答，可以诊断个人教学中，是不是突出了学生主体地位、积极引导学生的思维、引导学生深度参与教学中、进行了深度学习，是不是突出了职业院校的特色——加强实践教学，加强学生动手能力的培养，是不是实现了教学做合一，是不是促进了学生学思行的合一。这是判断课堂是否有效的重要尺度之一，也是判断“让每一堂课都有价值”达成度的重要表征。

5. 关于“通过学习我的课程，学生能学到哪些知识、技能，养成哪些素质?”这个问题的回答，可能的答案有：

通过教学，能实现预期设定的教学目标，并有新的教学生成、创新与突破。

通过教学，只有一部分学生掌握了部分知识，学会了部分技能。

通过教学，大部分学生没有达成学习目标，基本没有完成教学目标。

对这个问题的回答，可以自我诊断这门课程、这堂课的有效性，促进学生发展的程度，也是判断是否“有价值”的目标标准。

课堂教学自我诊断“五问”

问题	诊断举例	自我诊断	改进措施
在我的课上，学生的到课率如何？	学生全勤与否？迟到、早退、旷课现象出现的比例如何？为什么学生不愿来上课？		
在我的课上，学生的参与率如何？	学生是否积极思考？是否认真听课？是否深度学习？学生交流是否积极？学生上课时有无玩手机、聊天、睡觉等情况？为什么学生参与度不高？		
在我的课上，能理解我所讲内容的学生大约占多少比例？	多少学生能理解所讲内容？大部分学生能理解所讲内容的多少？为什么学生不理解？		
在我的课上，讲授时间与交流时间、动手实践时间的比例大体是多少？	正常上课时，我讲的时间大约多长？学生参与、交流的时间大约多少？安排学生动手实践的时间大约多长？这门课怎么安排才更科学、合理？		
通过学习我的课程，学生能学到哪些知识、技能，养成哪些素质？	有没有通过提问、线上测试、师生交流、成果展示、小测试等形式进行当堂测试环节？能不能掌握学生学习成效？学生学习的成效如何？学生学到了什么？怎么改进教学会使学生学到更多知识、技能，养成更多良好的素养。		
有效教学核心理念：让每一堂课都有价值 以学生的发展为中心 基于理解的教学 基于实践的教学 教学做合一 学思行合一			

自主改进——全面实施

通过培训提高思想认识，通过对以上问题的自我诊断，每个教师都会对自己的教学情况有大体的认知和判断，对接下来的教学改革大都会比较认同，且乐于实施。下一步，学院制定方案，同步推进课程改革与有效课堂教学改革。借鉴先进院校的成功经验，在反复讨论酝酿的基础上，制定以推进课程改革和有效课堂教学改革为核心内容的整体教学改革方案，明确目标、标准、步骤、要求等，要求教师人人参与，人人参加测评达标，并制定了明确的激励措施，对第一批通过的人员予以奖励，对三批后仍通不过的，调离教学岗位。全员培训，转变观念，是为了调动起全员教职工对改革的内在动力；激励制度等刚性措施，则是推进改革的外在动力。然后，根据方案，分批进行培训测评。先在全校推荐评选一批优秀者，然后由他们再一对一培训、测评其他老师。测评中，特别突出学生发展程度和课堂教学有效性的评价。

测评的基本程序

1. 系部测评。在前期专家讲座、培训的基础上，系部认真组织好教研活动，相互研讨、点评，共同提高，做好教研活动记录，努力提高达标率。在充分准备的基础上，各系成立3～5人的测评小组，组织对第一批报名参加测试的教师进行测评（具体测评办法、测评内容和说课要求见附件）。各系部可互聘评委小组成员，测评前两天要将评委小组名单及测评时间、地点等报教务处，教务处要安排人员参加系部测评。各系部将测评成绩报教务处。

2. 学院测评。学院对各系部推荐的测评优秀者（各系部报名人数的前1/4）进行院级测评，根据测评结果选定学院的测评小组成员。然后，由学院测评小组对各系部第一批报名的、经系部测评合格者进行院级测评。

3. 综合评定。按照学院课程及有效课堂教学改革要求，对参加测评教师进行随堂听课，并要求完成本课程所有单元设计资料。最后，按照测评占60%、随堂听课占20%、完成所有单元设计资料占20%的比例，确定测评成绩。参加第一批测评的教师要在规定时间内交齐全部资料，由学院测评小组审核评价。

4. 组织第二批培训与测评报名。第一批不合格或虽合格但仍不满意者，可参加第二批的测评。

总结验收——持续推进

改革推进一段时间后，及时总结经验及存在的问题，持续改进，总结形成较为成熟的课程和有效课堂教学改革模式。改革推进时，不要求千篇一律，提倡百花齐放，要求各专业根据专业实际、课程实际总结提炼各有特色的不同模式。比如，服装设计与制作专业在实践中探索形成了基于工作过程的以工作室为载体的课堂教学模式；旅游管理专业形成了模拟场景与翻转课堂相结合的课堂教学模式；思想政治课形成了基于思维导图的小组合作式课堂教学模式等等。以点带面，全面推进教育教学改革。针对课程和有效课堂教学改革中对办学条件提出的新要求，同步开展师资培训、实训室建设、信息化建设、教学资源库建设等工作，形成合力，全面推进教学改革，提高人才培养水平。

为了了解职业院校学生对课堂教学是否有效的看法，我们对职业院校在校生进行了问卷调查。调查主要以泰山职业技术学院在校生为主。调查共收回有效答卷2558份，学生分布在农林牧渔、土木建筑、装备制造、生物化工、轻工纺织、食品药品与粮食、交通运输、电子信息、财经商贸、旅游、文化艺术、教育与体育等专业大类。

调查的主要结果如下：

1. 性别?	
男	918 票（35.99%）
女	1633 票（64.01%）
2. 所在专业大类?	
农林牧渔类	79 票（3.09%）
土木建筑类	177 票（6.92%）
装备制造类	57 票（2.23%）
生物与化工类	50 票（1.95%）
轻工纺织类	76 票（2.97%）
食品药品与粮食类	60 票（2.35%）
交通运输类	22 票（0.86%）
电子信息类	485 票（18.96%）
财经商贸类	495 票（19.35%）
旅游类	154 票（6.02%）
文化艺术类	170 票（6.65%）
教育与体育类	447 票（17.47%）
其他类	265 票（10.36%）
3. 所在年级?	
大一	1954 票（76.39%）
大二	424 票（16.58%）
大三	169 票（6.61%）
4. 您如何看待大学的课程学习?（可多选）	
看自己的规划和兴趣，有侧重点地学习或不学习	1312 票（51.29%）
六十分万岁	225 票（8.80%）
只要能拿毕业证，怎么样随意	173 票（6.76%）
专业课学好，其他无所谓	256 票（10.01%）
需要好好学习，具备应有的专业素质	1904 票（74.43%）

续表

没必要认真学，对就业没多大用	59 票（2.31%）
5. 您认为在大学里的学习最重要的是获得什么？（可多选）	
过硬的专业知识	1492 票（58.33%）
良好的专业技能	1979 票（77.37%）
人文素质	1697 票（66.34%）
交际能力及组织管理能力	2117 票（82.76%）
无所谓	30 票（1.17%）
其他	39 票（1.52%）
6. 您认为目前的课程教学是否需要改进？	
需要	1616 票（63.17%）
不需要	935 票（36.55%）
7. 您对老师讲课内容是否感兴趣？	
很感兴趣	775 票（30.30%）
一般	1667 票（65.17%）
不感兴趣	108 票（4.22%）
8. 您认为学习兴趣不高的主要原因是什么？（可多选）	
厌学	249 票（9.73%）
学习氛围不浓	1654 票（64.66%）
家庭条件优越，不需要学习	29 票（1.13%）
没有激发出学习兴趣	1684 票（65.83%）
学也学不会	224 票（8.76%）
9. 您认为老师讲课的方法？	
很有吸引力	799 票（31.24%）
勉强可以接受	1475 票（57.66%）
枯燥无味	274 票（10.71%）
10. 大多数教师经常采用何种方法进行课堂讲解？	
全由老师讲解	610 票（23.85%）
以老师为主，辅以教师与学生互动	1649 票（64.46%）
以学生为主，辅以教师指导	293 票（11.45%）
11. 您比较认可的教师讲课的方法是什么？	
全由老师讲解	239 票（9.34%）

续表

以老师为主，辅以教师与学生互动	1562票（61.06%）
以学生为主，辅以教师指导	749票（29.28%）
12. 您对“翻转课堂”的看法如何？	
很有成效	739票（28.89%）
成效不大	712票（27.83%）
不知道什么意思	1091票（42.65%）
13. 您认为哪些教学方法，能达到调动同学学习积极性的目的？（可多选）	
多媒体教学	1636票（63.96%）
任务驱动	779票（30.45%）
案例分析	1060票（41.44%）
小组讨论	1257票（49.14%）
情景模拟	1610票（62.94%）
项目教学	798票（31.20%）
14. 您认为当前教师与学生的互动次数如何？	
偏多	204票（7.97%）
适中	1561票（61.02%）
偏少	595票（23.26%）
缺乏	189票（7.39%）
15. 您认为学完一门课程后，能学到课程内容的比例为多少？	
90%以上	181票（7.08%）
80%左右	815票（31.86%）
60%左右	1097票（42.89%）
40%左右	290票（11.34%）
30%以下	170票（6.65%）
16. 您认为课堂上认真听课、学习有成效的学生约占全班的比例为多少？	
90%以上	218票（8.52%）
80%左右	644票（25.18%）
60%左右	894票（34.95%）
40%左右	436票（17.04%）
30%以下	350票（13.68%）

续表

17. 您对当前课堂教学的总体评价是什么?	
很有成效	520 票（20.33%）
成效一般	1669 票（65.25%）
成效较低	271 票（10.59%）
没有成效	80 票（3.13%）
18. 您认为当前学习成效低的主要原因是什么?（可多选）	
学习兴趣不高	1550 票（60.59%）
学习方法不当	1034 票（40.42%）
缺乏学习氛围	1623 票（63.45%）
教学方法单一	828 票（32.37%）
教学手段落后	351 票（13.72%）
其他	49 票（1.92%）
19. 您最希望课堂教学中加大哪方面的比例?（可多选）	
理论	199 票（7.78%）
实训	1104 票（43.16%）
实习	449 票（17.55%）
仿真实训	795 票（31.08%）
20. 您认为改善课堂教学中存在的问题的有效措施有哪些?（可多选）	
提高教师上课水平	968 票（37.84%）
加强管理，严肃课堂纪律和出勤考核	971 票（37.96%）
营造良好的课堂学习气氛	1945 票（76.04%）
提高学生自身素质	1383 票（54.07%）
改善学校软硬件设施	1094 票（42.77%）
其他	73 票（2.85%）

从调查结果看，学生们对有效教学改革的成效基本是认可的（对当前课堂教学的总体评价为很有成效、成效一般的占 85.58%，成效较低、没有成效的占 13.72%），对课堂教学的满意度、教师的教学方法、师生互动情况都有比较客观并相对较满意的评价。

同时，为了了解教师对推进有效教学改革的看法，我们对教师进行了问卷调查，主要对泰山职业技术学院的教师就有效教学改革的有关问题进行了调查。共收到有效答卷265份，主要结果如下：

问卷调查统计		
	校内问卷125　校外问卷140	有效答卷：265份
1. 您所教课程是什么？		
文化课	50票（18.87%）	
专业基础课	90票（33.96%）	
专业核心课程	123票（46.42%）	
2. 您的性别？		
男	96票（36.23%）	
女	168票（63.40%）	
3. 您在课堂教学设计方面的状况如何？		
比较随意	4票（1.51%）	
不太注重	3票（1.13%）	
一般	20票（7.55%）	
比较注重	149票（56.23%）	
非常注重	89票（33.58%）	
4. 您一般会根据“课堂教学实施后，学生能做什么”来设定教学目标吗？		
完全不符合	1票（0.38%）	
不太符合	6票（2.26%）	
一般	32票（12.08%）	
比较符合	165票（62.26%）	
完全符合	61票（23.02%）	
5. 您在选择教学内容时注意基于岗位需求和学生成长的需要吗？		
完全不符合	1票（0.38%）	
不太符合	4票（1.51%）	
一般	26票（9.81%）	
比较符合	151票（56.98%）	
完全符合	83票（31.32%）	
6. 您在上课时注意突出重点，讲清难点，讲究条理性和逻辑性？		
完全不符合	1票（0.38%）	

续表

不太符合	1 票（0.38%）	
一般	15 票（5.66%）	
比较符合	118 票（44.53%）	
完全符合	130 票（49.06%）	
7. 您在选择教学内容时比较关注内容的时代性和前沿性吗？		
完全不符合	0 票（0.00%）	
不太符合	0 票（0.00%）	
一般	24 票（9.06%）	
比较符合	147 票（55.47%）	
完全符合	93 票（35.09%）	
8. 学生在课堂上主动参与教学过程吗？		
不参与	1 票（0.38%）	
不积极参与	12 票（4.53%）	
一般	62 票（23.40%）	
比较积极参与	105 票（39.62%）	
积极参与	85 票（32.08%）	
9. 课堂上学生与您进行互动吗？		
不互动	1 票（0.38%）	
不积极互动	9 票（3.40%）	
一般	58 票（21.89%）	
比较积极互动	116 票（43.77%）	
积极互动	80 票（30.19%）	
10. 您平时使用项目教学的情况如何？		
不适合所教课程，不用	13 票（4.91%）	
用过，效果不佳	13 票（4.91%）	
偶尔用，效果一般	59 票（22.26%）	
经常用，效果较好	126 票（47.55%）	
经常用，非常有效	54 票（20.38%）	
11. 您常用的教学方式方法是什么？		
纯理论讲解	5 票（1.89%）	

续表

理论讲解为主	44 票（16.60%）	
理论与实训结合	187 票（70.57%）	
实训为主	26 票（9.81%）	
纯实训	3 票（1.13%）	
12. 针对你所教课程，学校的教学设施是否完善？		
很不完善	12 票（4.53%）	
不太完善	43 票（16.23%）	
一般	71 票（26.79%）	
比较完善	115 票（43.40%）	
非常完善	24 票（9.06%）	
13. 您所教课程，课堂学习气氛如何？		
很沉闷	1 票（0.38%）	
比较沉闷	7 票（2.64%）	
一般	69 票（26.04%）	
比较活跃	146 票（55.09%）	
非常活跃	42 票（15.85%）	
14. 课堂教学中，您经常渗透人文素质教育吗？		
完全不	0 票（0.00%）	
不太涉及	5 票（1.89%）	
一般涉及	52 票（19.62%）	
涉及较多	133 票（50.19%）	
涉及很多	74 票（27.92%）	
15. 对于学生上课睡觉玩手机等现象，您的态度如何？（可多选）		
置之不理	3 票（1.13%）	
影响他人的情况下才批评	46 票（17.36%）	
用眼神等体态语言提醒	112 票（42.26%）	
严厉批评	25 票（9.43%）	
课上及时制止，晓之以理动之以情，对学生及时进行教育	173 票（65.28%）	
16. 您自认为符合“双师”素质型教师要求，而不是“双证”型教师吗？		
完全不符合	4 票（1.51%）	

续表

不太符合	10 票（3.77%）	
一般	70 票（26.42%）	
比较符合	122 票（46.04%）	
完全符合	59 票（22.26%）	
17. 您认为目前教学改革的关键是什么？（可多选）		
教学内容改革	109 票（41.13%）	
课程改革	90 票（33.96%）	
教学方法改革	125 票（47.17%）	
教学模式改革	172 票（64.91%）	
加强教学信息化改革	136 票（51.32%）	
18. 就您观察，学生对您的讲课内容感兴趣的程度如何？		
不感兴趣	2 票（0.75%）	
不太感兴趣	11 票（4.15%）	
一般	52 票（19.62%）	
比较感兴趣	170 票（64.15%）	
很感兴趣	29 票（10.94%）	
19. 就您观察，学生对您讲课的方法感受如何？		
完全不能接受	1 票（0.38%）	
勉强可以接受	3 票（1.13%）	
一般	28 票（10.57%）	
可以接受	181 票（68.30%）	
很有吸引力	51 票（19.25%）	
20. 就您观察，课堂上能认真听课，学习有成效的学生约占全班的比例是多少？		
30%以下	21 票（7.92%）	
40%左右	34 票（12.83%）	
60%左右	76 票（28.68%）	
80%左右	96 票（36.23%）	
90%以上	36 票（13.58%）	
21. 您认为在学完一门课程后，学生掌握知识能力的程度如何？		
30%以下	11 票（4.15%）	

续表

40%左右	30 票 (11.32%)	
60%左右	87 票 (32.83%)	
80%左右	110 票 (41.51%)	
90%以上	24 票 (9.06%)	
22. 您对当前职业院校课堂教学的总体评价是什么?		
无效	2 票 (0.75%)	
效果较差	15 票 (5.66%)	
一般	106 票 (40.00%)	
比较有效	119 票 (44.91%)	
非常有效	20 票 (7.55%)	
23. 您在课堂上常用的评价方式是什么? (可多选)		
提问	198 票 (74.72%)	
书面测试	86 票 (32.45%)	
手机或电脑问卷	47 票 (17.74%)	
小组互评	136 票 (51.32%)	
其他	71 票 (26.79%)	

从调查结果看，老师们对有效教学的理念比较认同，对课堂教学有效性的自我评价较高（对当前职业院校课堂教学的总体评价认为比较有效和非常有效的占 52.46%），认为学生能学到更多知识、技能（认为课堂上认真听课、学习有成效的学生占全班的比例在 80%左右和 90%以上的比例占 49.8%），学生在课堂上的参与度较高（认为学生在课堂上比较积极参与和积极参与的占 71.7%），师生互动基本成为常态（认为学生比较积极互动和积极互动的占 73.96%），大部分老师突出了实践教学，加强了理念与实践相结合的教学方式运用（教师常用的教学方式方法中，理论与实训相结合及以实训为主的占 80.38%）。通过调查，发现教师基本树立了以学生发展为中心的理念，能突出学生的主体地位，实行教学做合一，促进学生的学思行合一，促进学生的理解与实践，提高了教学质量。

通过对学生和教师调查问卷结果的对比也发现，教师对有效教学改革推进的力度较为乐观，但学生的评价相对较低，比如：对当前课堂教学的总体评价，教师认为一般的占 40%，学生认为一般的占 65.25%；教师认为比较有效和非常有效的占 53.46%，学生认为很有成效的仅占 20.33%。这表明：虽然教师对有效教学的理念比较认可，并且正积极推进实施，但范围和深度还不够，实际效果也没有达到很好的状态，需要进一步加大力度，深入推进，全面实施。

四年多的实践探索进一步证明，提高高等职业教育办学水平的关键在于提高教学质量，提高教学质量的关键在于全面推进以提高课堂教学质量为重点的教学改革，实施以课程和课堂教学改革为重点的有效教学改革是最直接、最有效的切入点之一。再好的改革理念、再多的改革举措，如果最终不能落实到教学上、落实到课堂上，不能改变传统低效的教学模式，都将不能有效促进人才培养水平的提高。

时间都去哪儿了？既然选择了教育事业，把时间用在教育事业上、用在教学上，在你成就了教学、成就了学生的同时，也成就了你自己。

“让每一堂课都有价值”，应该成为每一名教师的不懈追求！

附　录

泰山职业技术学院“有效教学”活动实施方案

一、指导思想

结合学院“深化课程改革、提高教学质量”的总体思路，以求实效为核心，通过开展“有效教学”活动，切实转变教学观念和教学行为，积极探索有效教学策略、途径和方法，逐步构建适合专业特点的有效教学模式，努力实现教学效果和效率的最优化，推动学院办学水平和人才培养质量的提高，为学院名校建设奠定基础。

二、总体目标

“有效教学”是遵循教育教学规律，有效实现预期的育人目标的教学活动，其有效性主要体现在三个层面：一是效果，教学活动的结果与预期的教学目标的一致；二是效率，要讲究教学投入与教学产出的比例；三是效益，要实现教学活动中师生的共同成长。

开展“有效教学”活动的总体目标是：

1. 求真务实，强化质量意识，提高教学实效。

2. 规范教学行为，改进学习行为，推动教学改革，改善教学关系。

3. 促进师生全面发展。

三、实施步骤、内容和措施

（一）学习阶段

认真组织学习有效教学相关理论知识和评价指标（讨论）。

（二）有效教学实践探索阶段

根据有效教学评价指标，结合专业、课程、学生、教学资源等现实影响因素，积极进行教学改革，进行有效教学实践探索。

（三）有效教学检查阶段（4 月至 6 月）

学院成立检查小组进行推门听课，结合有效教学评价指标、学生评价等方式进行综合评定。

（四）有效教学总结提高阶段（7 月）

根据有效教学检查情况，各系进行有效教学实践总结，学院组织研讨会进行总结，选出“有效课堂”典型案例，总结适合本专业的教学模式及方法。在此基础上，结合学生评价等方式进行“有效管理系部”评选，具体事宜另行安排实施。

教务处

二〇一四年一月二十八日

泰山职业技术学院课堂教学评价表

任课教师： 课程名称： 听课班级：
听课地点： 时 间： 年 月 日 节次：

<table>
<tr><td rowspan="2">评价项目</td><td rowspan="2">评价标准</td><td colspan="5">评价</td></tr>
<tr><td>5</td><td>4</td><td>3</td><td>2</td><td>1</td></tr>
<tr><td>教学准备</td><td>准备充分。教材、教案、点名册等材料齐全。</td><td></td><td></td><td></td><td></td><td></td></tr>
<tr><td>教学常规</td><td>教学规范。教态、板书、普通话、教具、现代教育技术应用等良好。</td><td></td><td></td><td></td><td></td><td></td></tr>
<tr><td>教学目标</td><td>突出能力目标。知识目标简洁明确，全面渗透职业素养教育。</td><td></td><td></td><td></td><td></td><td></td></tr>
<tr><td>教学管理</td><td>学生到课率高。及时纠正不带教材、笔记本及打瞌睡、玩手机游戏等现象，恰当处理突发事件。</td><td></td><td></td><td></td><td></td><td></td></tr>
<tr><td>教学实施</td><td>学生参与率高。重视教学设计，学生主体地位突出，教师指导及时巧妙，教学做合一。</td><td></td><td></td><td></td><td></td><td></td></tr>
<tr><td>学习评价</td><td>学生达标率高。每次课都有评价，评价标准明确，形式灵活，学生学习成效明显。</td><td></td><td></td><td></td><td></td><td></td></tr>
<tr><td colspan="7">课堂教学总体评价标准：突出学生主体，重视能力培养，学生学习成效明显。</td></tr>
<tr><td colspan="7">学生应到人数________，实到人数________，旷课人数________，教师迟到________分，早退________分。</td></tr>
<tr><td colspan="7">建议：

听课人：</td></tr>
</table>

泰山职业技术学院关于开展教师职教能力培训与测评活动的通知

课程建设与改革是提高教学水平和人才培养质量的核心，教师的职教能力是有效开展课程建设与改革的关键，也是高职教师必备的素质。为加快名校建设步伐，进一步加强内涵建设，提高教师的职教能力，推进课程建设与改革，深化全院整体教学改革，提高人才培养质量，制定本方案。

一、指导思想

以党和国家的教育方针为指导，认真贯彻落实教育部《关于全面提高高等职业教育教学质量的若干意见》（教高〔2006〕16号）、教育部《关于推进高等职业教育改革创新引领职业教育科学发展的若干意见》（教职成〔2011〕12号）、《关于加快建设适应经济社会发展的现代职业教育体系的意见》（鲁政发〔2012〕49号）等文件精神，以名校建设为契机，紧紧围绕职业教育人才培养的根本任务，把高职教育人才培养理念融入教学改革和课程建设之中，增强团队意识，整合优质教学资源，优化教学内容，创新教学模式，改革教学方法，培养学生的职业能力和职业素养，全面提高人才培养质量。

二、培训与测评范围

学院所有专兼职教师。55岁以上男教师及50岁以上女教师可自愿参加。外聘教师由系部协商自愿参加。

三、培训与测评目标

培训与测评工作分三批进行，2015年12月底全部通过测评；实现能力本位、项目化改造的课程占所有课程的60%以上。

四、培训与测评方式

（一）学院聘请专家就整体教学改革理念及实操方法进行集中培训。

（二）系部进行研讨、交流，在自愿报名和统筹安排的原则下确定第一批参加测评的教师，组织教师准备讲解、演示自己的教学设计、实施单元教学。

（三）根据专业特点有针对性地聘请校外专家进行对口指导、培训。

（四）学校聘请专家对第一批课改教师的课程设计能力、课程设计的演示能力和点评能力进行测评，从中选出校级测评委员会人选。

（五）学校测评委员会负责培训、考核系部评委候选人，通过测评方式确定组成系部评委。

（六）系部评委负责组织、培训本系部的其他教师。

五、实施步骤

（一）时间安排

本次达标测评活动自 2014 年 3 月始，至 2015 年 12 月结束。达标测评集中时间进行，具体时间见活动安排表。

（二）组织报名

1. 活动期间，每个学期开学后三周内报名，任课教师填写报名表，各系汇总后报达标活动办公室，由达标活动办公室负责汇总。

2. 教师所报课程必须是现行专业人才培养方案中开设的课程（学院调整后的专业），教师应熟悉该门课程的教学内容，专任教师每人选定一门课程设计（由各系负责协调，为便于边做边改、边改边教，原则上是当前学期所设课程）。

3. 第一批参加测评人数不少于 80 人。

具有正高职称的专任教师、所有省级以上精品课程负责人、2013 年推选的院级教坛英才以上专任教师、系主任、教学副主任、专业负责人等骨干教师原则上必须报名参加第一期达标考核活动。

承担学院名校建设的重点建设专业、中央财政支持的提升专业服务产业发展能力的专业、省级特色专业任课教师报名参加第一期的人数要达到该专业教师的40%。

（三）培训

1. 专家培训。邀请专家教授进校，对教师进行职教能力达标培训，学习借鉴先进经验，提高课程改革能力和水平。

2. 校内研讨。系部组织系部专家、专业负责人至少每两周组织一次职教能力和课程改革的教研活动，相互研讨、点评，共同提高，做好教研活动记录，努力提高达标率。

（四）测评

1. 学院和系分别成立测评小组，测评小组成员应由测评优秀者担任（各系可以互聘），一般由3～5人组成。系考核小组对本系每期报名的教师进行测评，测评达标者由系推荐参加学院的测评（院机关兼课的教师可直接参加学院的测评）。学院聘请校内外专家组成测评小组，校外专家担任测评小组组长，负责对系推荐的教师进行达标测评。

2. 达标测评内容包括课程整体设计说课、一个单元设计说课。说课应制作汇报课件，以专家提供的模板为依据，在此基础上可根据专业和课程特点进行创新、调整。

3. 测评分为教师说课和提问答辩两个环节，教师说课时间控制在20分钟以内，测评小组提问及说课教师答辩时间为10分钟左右。

六、测评结果的使用

教师职教能力测评结果记入教师个人业务档案，作为教师评聘、晋级、上岗、评优的基本条件。经过数轮培训与测评，2015年12月仍然不能过关的专任教师，学校将其调离教师岗位，统筹安排其他工作。

（一）学院每期考核按照测评成绩分优秀、良好、合格、不合格四个等次，自2015年起，测评不合格或应参加而未参加测评的教师，不得评聘教师系列专业技术职务；考核成绩优秀、良好的教师，在评聘教师系列高一级专业技术职务、评优树先时优先。

（二）第一次参加测评，成绩虽然合格，但自己认为不理想的，可以申请参加下一次的测评，测评结果以第二次的为准（申请参加第三期测评的，只有一次测评机会）。

（三）经测评不合格的，可以申请参加下一批的测评，仍然未能达标的，不再安排教学任务，直至达标。

（四）应该参加达标测评而未参加的，不再安排教学任务，直至达标。

（五）现在不担任教学任务的教师，将来重新担任教学任务时，必须通过达标。新进教师工作一年后必须通过测评达标。

（六）凡是通过测评达标的教师每人每门课程奖励 40 个教学工作量（重复申请的，第二次不计教学工作量）。

（七）对第一批、第二批达标者，学院将颁发《泰山职业技术学院教师职教能力培训与测评达标》证书并给予物质奖励。

八、组织领导

成立教师职教能力培训与测评活动领导小组，人员组成如下：

组长：

副组长：

成员：

负责测评活动的整体规划，指导监督实施进程，协调解决培训与测评工作推进过程中出现的各类问题。

领导小组下设办公室，人员组成如下：

主任：

副主任：

成员：

办公室设在教务处，具体负责教师职教能力培训与测评的实施工作。

九、有关要求

（一）进行教师职教能力培训与测评是我院加强内涵建设，提高人才培养质量的重大举措，各系、各部门要高度重视，广泛宣传发动，树立危机意识和责任意识，动员教师积极参加测评活动，提高教师的职业教育能力。

（二）各系部主要负责人是本部门测评活动的第一责任人，要组织教师认真学习高职教育理论，深入行业企业进行调研，开展教师培训、经验交流和课程改革研讨等，将测评活动落到实处。学院将加强过程监控，并对每期的考核结果通过网站、报纸、宣传栏等载体进行通报。

（三）学院将按系参加达标测评教师的平均成绩（优秀 95 分/人、良好 85 分/人、合格 75 分/人、不合格 50 分/人），每年以系为单位分 3 个等次（一等 2 个、二等 3 个、三等 4 个），计入系部工作考核成绩中。

（四）各系要依据本方案的要求，制定本系的职教能力测评活动实施方案，于 2014 年 4 月 5 日前将纸质版和电子版报教务处。

教学改革是名校建设的重要内容，教师职教能力培训与测评是教学改革工作的前提和基础，也是一项复杂的系统工程。全校各系部处室，要紧密协作、攻坚克难，全力推进整体教学改革，使我院人才培养模式、教学模式发生根本转变，全面提高人才培养质量。

泰山职业技术学院

2014 年 3 月 24 日

附件：

测评的主要内容

附件：

测评的主要内容

一、课程整体教学设计

对一门课程进行整体教学设计并说课，课程整体设计方案必须保证在现有教学条件（实验实训条件、师资队伍等）下能够实施。主要包括以下内容：

（一）课程定位（性质与作用）

结合专业定位、专业人才培养目标和生源情况，分析本课程的性质、对学生职业能力培养和职业素养养成所起的作用、先修课程与后续课程的衔接和配合等。

（二）课程设计的理念与思路

主要说明课程设计遵循怎样的职业教育理念（如职业活动导向，突出能力培养，项目载体，以工作任务训练职业岗位能力，以学生为主体，理论实践一体化等等），按照怎样的思路进行设计。

（三）课程教学目标

以能力培养为核心，明确课程教学目标，包括能力目标、知识目标、素质目标。

（四）教学内容

1. 课程内容设计

根据行业企业发展需要和完成职业岗位实际工作任务所需要的知识、能力和素质，参照相关职业资格标准选取教学内容，从“以知识为逻辑线索组织教学内容”转变为“以职业活动、工作过程为导向组织教学内容”，并为学生可持续发展奠定良好的基础。

2. 能力训练项目设计

能力训练项目设计要以职业能力培养为导向，以职业岗位的实际工作项目、任务、案例等为载体；选择的项目要具有实用性、典型性、覆盖性、综合性、趣味性、挑战性、可行性等特点，项目、任务等编排合理，递进训练，层次清晰。

（五）教学过程设计

以激发和调动学生的学习动力为前提，围绕能力目标的实现组织教学；教学内容的组织与安排遵循学生职业能力培养的基本规律，能力训练过程设计合理，引导学生积极思考、参与实践；根据课程教学目标、内容需要和学生特点灵活选用案例法、小组讨论法、展示法、启发式、角色扮演、教学做一体等多种合适的教学方法，突出教学过程的实践性、开放性和职业性，实现“做中学、做中教”；合理运用多媒体和虚拟现实等现代教育技术，优化教学过程，提高教学质量。教学进度表设计以每一次课为单位，能从进度表中看出整门课程的设计步骤和思路。

（六）考核方案设计

积极进行考核方式方法改革，体现全面考核、过程考核、综合评价；考核项目应涵盖学生的能力、知识和态度，突出能力考核；各项考核项目分值合理，比例适当，并关注学生受益面的大小。

（七）现有校内外实践教学条件分析

分析现有的校内外实践教学条件，说明如何利用现有条件进行教学，并提出下一步校内外实践教学条件建设的思路。

（八）教材、资料

教学文件资料齐全；选用高职高专规划教材或与行业企业共同建设的教材、开发的实训项目；网络教学资源丰富，架构合理，能有效支持课堂教学和课后学习，实现资源共享。

（九）特色与创新

总结提炼本课程实施的理念、特色及创新之处。

二、课程单元教学设计

对整体设计中的1～2个单元进行教学设计，测评时选取一个教学单元进行教学设计并说课，主要从以下几个方面阐述：

(一) 单元教学目标

根据课程目标和完成职业岗位实际工作任务需要确定单元教学的知识、能力和素质目标。

(二) 单元教学内容设计

1. 单元教学内容组织

单元教学内容的选择以职业活动、工作过程为导向选取，重在训练学生运用知识解决实际问题的能力。教学内容的组织与安排遵循学生职业能力培养的基本规律，围绕能力目标整合、序化教学内容，重视学生在校学习与实际工作的一致性。

2. 能力训练项目

专业课能力训练项目的设计要充分结合教师参与企业实践获取或搜集的企业项目，并进行适合教学的改造，训练项目要与能力目标要求相符。公共基础课程能力训练项目设计注重任务驱动，训练学生运用知识解决实际问题的能力，引导学生积极参与。

(三) 教学过程设计

教学过程理论实践相结合，符合学生的认识规律，知识围绕应用展开，项目完成后有系统知识的归纳，突出知识为能力培养服务。能力训练过程设计合理，引导学生积极思考、乐于实践，训练项目和任务安排数量合适，可操作、可检验；教学中体现以学生为主体，精讲多练，注重课堂教学中师生互动。

(四) 教学方法设计

根据教学目标、内容需要和学生特点灵活选用案例法、小组讨论法、展示法、启发式、角色扮演等多种合适的教学方法，实现“教学做”一体。合理运用多媒体和虚拟现实等现代教育技术，优化教学过程，提高教学效率和质量。

(五) 特色与创新

积极进行教学创新，单元教学富有特色。

泰山职业技术学院第一批教师职教能力测评方案

根据学院工作安排，第一批教师职教能力测评将于 2014 年 9～10 月进行，为组织好本次测评工作，特制定如下方案：

一、组织领导

测评领导小组

组长：

副组长：

成员：

测评工作组

组长：

副组长：

成员：

二、测评时间、地点

测评时间：9～10 月份，具体时间另行通知。

测评地点：三楼会议室等。

三、测评内容

测评内容包括课程整体设计说课、单元设计说课、全部设计资料、随机听课四部分。说课评分标准见附件。

四、测评流程

1. 初审：测评前根据要求将设计的说课PPT及文本材料电子版以系为单位报测评办（教务处），测评办组织评委进行初审并公示结果。

2. 抽签：测评前半天，初审合格者到测评办进行抽签，确定汇报顺序，并将汇报材料提前拷贝到指定计算机中。

3. 提交设计文本：测评前提交两份纸质设计文稿到测评小组。

4. 汇报测评：分为教师说课和提问答辩两个环节，教师整体设计说课、单元设计说课时间控制在20分钟以内。

5. 点评答辩：测评工作组成员按照评分标准对测评教师进行提问，教师进行答辩。测评组提问及教师答辩时间为5分钟左右。

6. 计分：测评工作组成员根据汇报及答辩情况进行打分，两名计分员统计分数，监督员全程监督。

7. 课改应用测评：测评工作组成员对课改效果进行推门听课，根据有效课堂评价标准进行评分，得出课堂应用效果分数。

8. 课改资料测评：测评工作组成员对全部单元设计资料进行统一检查，根据完成情况进行评分，得出设计资料分数。

9. 计算测评成绩：测评工作组进行成绩汇总，确定教师个人测评成绩。

10. 测评成绩公示：测评工作组对测评成绩进行公示。

五、计分办法

1. 职教能力测评总成绩由整体设计（30分）、单元设计（30分）、课改应用效果（20分）和全部单元设计资料（20分）四部分组成。

2. 测评评委参照表附件1中表B-2对整体设计与单元设计进行现场等级评分。计分员根据评委的等级评分和附件1中表B-1进行折算，得出整体课改设计总分。

3. 测评成绩分为优秀、良好、合格和不合格四个等次。其中，整体设计和单元设计汇报测评需达合格等次（按60分计，36分以上为合格）以上，否则，需重新进行测评。

六、其他

1. 整体课改工作是学院名校建设的重点工作，也是学院内涵发展的重要工作，各系部要充分认识其重要性，将改革工作做实做细。

2. 测评工作组成员要本着对学院发展高度负责的态度，公平、公正地开展测评工作，将学院的课程及有效课堂改革整体推进，为学院名校建设奠定基础。

泰山职业技术学院

2014年9月19日

附件：教师职教能力测评评分标准

附件：

教师职教能力测评评分标准

表 B-1　　十分制表

分档	优秀			良好			合格			不合格
	特优	优秀	较优	很好	良好	较好	接近良好	合格	勉强合格	
	A+	A	A−	B+	B	B−	C+	C	C−	D
赋值	10	9	8	7	6	5	4	3	2	1

表 B-2　　观察点及比重

整体设计			单元设计		
序号	观察点	比重	序号	观察点	比重
1	岗位分析	0.1	1	单元定位	0.1
2	目标分析	0.1	2	目标设计	0.1
3	项目设计	0.2	3	任务设计	0.2
4	情景设计	0.1	4	情景设计	0.15
5	课程进度图	0.2	5	步骤设计	0.2
6	考核设计	0.1	6	考核实施	0.1
7	首、末节课	0.1	7	讲课效果	0.1
8	演示效果	0.05	8	创新提高	0.05
9	创新提高	0.05			

教师职教能力培训与测评校内专家申报表

填表时间：　　　　年　　月　　日

<table>
<tr><td>姓名</td><td></td><td>性别</td><td></td><td>民族</td><td></td><td>出生年月</td><td></td><td rowspan="4">照片</td></tr>
<tr><td>籍贯</td><td></td><td>职称</td><td colspan="3">教授</td><td>政治面貌</td><td></td></tr>
<tr><td colspan="2">联系电话</td><td colspan="4"></td><td>E-mail</td><td></td></tr>
<tr><td colspan="2">部门及职务</td><td colspan="6"></td></tr>
<tr><td colspan="2">毕业院校</td><td colspan="4"></td><td>学历学位</td><td colspan="2"></td></tr>
<tr><td colspan="2">研究领域</td><td colspan="7"></td></tr>
<tr><td colspan="2">社会兼职情况</td><td colspan="7"></td></tr>
<tr><td colspan="2">课改课程名称</td><td colspan="7"></td></tr>
<tr><td colspan="2">课改测评成绩</td><td colspan="7"></td></tr>
<tr><td colspan="2">课改概况</td><td colspan="7"></td></tr>
<tr><td colspan="2">从事学科专业工作的简历</td><td colspan="7"></td></tr>
<tr><td colspan="2">所在部门审核意见</td><td colspan="7">盖章：
年　月　日</td></tr>
<tr><td colspan="2">学院批复意见</td><td colspan="7">盖章：
年　月　日</td></tr>
</table>

泰山职业技术学院教师职教能力培训与测评合格登记表

填表时间：　　　　年　　月　　日

<table>
<tr><td>姓名</td><td></td><td>性别</td><td></td><td>民族</td><td></td><td>出生年月</td><td></td><td rowspan="2" colspan="2">照片</td></tr>
<tr><td>籍贯</td><td></td><td>职称</td><td colspan="3"></td><td>政治面貌</td><td></td></tr>
<tr><td colspan="2">联系电话</td><td colspan="4"></td><td>E-mail</td><td colspan="3"></td></tr>
<tr><td colspan="2">毕业院校及专业</td><td colspan="4"></td><td>学历学位</td><td colspan="3"></td></tr>
<tr><td colspan="2">所在部门</td><td colspan="4"></td><td>职务</td><td colspan="3"></td></tr>
<tr><td colspan="2">课改课程名称</td><td colspan="4"></td><td>课程所属
专业及类型</td><td colspan="3"></td></tr>
<tr><td colspan="2">课改设计
测评成绩</td><td colspan="2"></td><td colspan="2">随堂听课
成绩</td><td></td><td colspan="2">设计资料
成绩</td><td></td></tr>
<tr><td colspan="2">课改测评结果</td><td colspan="8"></td></tr>
<tr><td colspan="2">培训与测评小组
审核意见</td><td colspan="8">盖章：（人事处　教务处）
年　月　日</td></tr>
</table>

课程整体教学设计模版

一、基本信息

<table>
<tr><td>课程名称</td><td></td><td>学时</td><td></td><td>学分</td><td></td></tr>
<tr><td>开设专业</td><td></td><td>开设学期</td><td></td><td>授课对象</td><td></td></tr>
<tr><td>所属系部</td><td></td><td>制定人</td><td colspan="3"></td></tr>
<tr><td>课程类型</td><td colspan="5">（××××××专业必修课、选修课）</td></tr>
<tr><td>先修课程</td><td></td><td>后续课程</td><td colspan="3"></td></tr>
</table>

二、课程设计

1. 课程目标设计

总体目标：

（1）能力目标

（2）知识目标

（3）素质目标

2. 课程内容设计：

序号	内容模块（或子模块）名称	学时
1		
2		
3		
4		
合计		

3. 能力训练项目设计

编号	能力训练项目名称	子项目编号、名称	拟实现的能力目标	相关支撑知识	训练方式、手段及步骤	可展示的结果

4. 进程表设计

课次	周次	学时	教学目标和主要内容				
			单元标题	能力训练项目编号	知识目标	能力目标	其他（含考核内容、方法）

5. 第一节课设计梗概

(1)

(2)

6. 最后一节课设计梗概

(1)

(2)

三、考核方案设计

四、教学及参考资料（指本设计所用教材及参考资料等）

课程单元教学设计模版

一、教案头

<table>
<tr><td colspan="2" rowspan="2">单元标题：</td><td rowspan="2"></td><td>单元教学学时</td><td></td></tr>
<tr><td>在整体设计中的位置</td><td>第×次</td></tr>
<tr><td colspan="2">授课班级</td><td></td><td>上课地点</td><td></td></tr>
<tr><td rowspan="2">教学目标</td><td colspan="2">能力目标</td><td>知识目标</td><td>素质目标</td></tr>
<tr><td colspan="2"></td><td></td><td></td></tr>
<tr><td>能力训练任务及案例</td><td colspan="4">任务 1.
任务 2.
任务 3.</td></tr>
<tr><td>教学材料</td><td colspan="4">(指教材或讲义、课件、仪器、设备等)</td></tr>
</table>

二、教学设计

步骤	教学内容	教学方法	教学手段	学生活动	时间分配
1.					
2.					
3.					
4.					
作业					
课后体会					

注：每个步骤占用的行数，可以按照实际需要增减。

示例1:《服装立体设计》课程整体教学设计（张莹）

一、基本信息

<table>
<tr><td>课程名称</td><td>服装立体设计</td><td>学时</td><td>96</td><td>学分</td><td>6</td></tr>
<tr><td>开设专业</td><td>服装设计专业</td><td>开设学期</td><td>第四学期</td><td>授课对象</td><td>高职服装二年级学生</td></tr>
<tr><td>所属系部</td><td>工艺美术系</td><td>制定人</td><td colspan="3">张莹</td></tr>
<tr><td>课程类型</td><td colspan="5">服装设计专业必修课</td></tr>
<tr><td>先修课程</td><td>《服装材料》《服装结构设计》《服装工艺》《服装CAD》</td><td>后续课程</td><td colspan="3">《服装综合设计》《毕业设计》</td></tr>
</table>

二、课程设计

1. 课程目标设计

总体目标:

使学生全面系统地了解和掌握服装立体裁剪的基本原理和基本技法，掌握构成艺术技法，培养学生具有独立进行整装立体裁剪操作能力，将立体裁剪的理论知识与实践有机地结合起来，培养学生的立体裁剪能力，追求技术美与艺术美的高度统一。通过学生对服装立体裁剪的系统学习，掌握一定的立体裁剪制板技术，并能较好地运用立体裁剪法解决服装结构设计中的立体造型及板型问题，从而提高学生的动手能力，为将来从事服装专业工作打下坚实的理论及实践基础。同时，结合本课程的特点，培养学生的立体造型能力、审美能力和创新能力。

(1) 能力目标

①根据2010年国家颁布的标准——《服装用人体测量部位与方法》和《服装号型标准》的规定，会测量人体，会编制服装成衣号型，获得相应服装尺寸的能力；

②按照服装设计工作室要求，能够认识和熟练掌握各种工具；

③按照服装立体造型设计的基本原理、操作方法，剖析服装与人体关系；

④按照人体与服装立体性的关系，能够进行人体模型的选择及布料准备；

⑤根据立体设计基本技法及面料的二次设计等技巧解决服装设计中的立体造型问题；

⑥根据订单或设计任务要求独立完成服装整体设计任务；

⑦根据整装产品综合设计要求进行立体制板纸样标记、板型纸样部位调整、整合工业纸样初板等工业纸样制板。

(2) 知识目标

①了解立体裁剪的历史及特点；

②掌握立体裁剪的定义、用具与材料；

③熟练掌握人体模台基准线的标记方法；

④掌握紧身衣、布手臂的制作方法；

⑤熟练掌握省、褶、分割线在衣身中的立体裁剪及衣身变化的立体裁剪技巧；

⑥熟练掌握基本型衣领（如连翻领、驳折领、坦翻领等）立体裁剪及变化型领款的立体裁剪；

⑦熟练掌握基本型衣袖，掌握袖口、袖山抽褶的一片袖立体裁剪，了解变化型袖款的立体裁剪；

⑧熟练掌握裙装的立体裁剪，了解裤装的立体裁剪；

⑨熟练掌握抽褶、折叠、编织、缠绕、悬垂、堆积等立体构成艺术技法。

(3) 素质目标

①通过完成设计任务要求，培养学生具备市场调研和流行分析的基本职业习惯；

②在任务工作过程中培养学生勤于动手、精工细作的基本职业素养；

③通过工作室的运行与管理，培养学生的口头表达能力、团结协作能力、

与人共事能力、与人沟通能力，提高学生的综合素质；

④培养学生具备服装设计工作所需的终身学习习惯与职业规划能力。

2. 课程内容设计

序号	内容模块（或子模块）名称	学时
1	组建服装设计工作室	18学时
2	相关款式的专题设计	6学时
3	部位立体设计	36学时
4	造型技巧变化应用	6学时
5	创意整体服装设计	30学时
合计		96

3. 能力训练项目设计

编号	能力训练项目名称	子项目编号、名称	拟实现的能力目标	相关支撑知识	训练方式、手段及步骤	可展示的结果
1	训练学生进行工作室的组建	1—1工作室任务认知	组建工作室的能力。	1. 掌握立体裁剪的定义； 2. 了解立体裁剪历史及特点； 3. 了解工作室工作状况及工作流程。	设计任务情境，学生外出参观、网上查阅资料、做出规划设计、实施建立工作室。	C.U服装工作室现场
		1—2针插制作	1. 按照服装设计工作室要求，能够认识和熟练掌握各种工具制作的能力； 2. 按照人体与服装立体性的关系，能够进行人体模型的选择及布料准备的能力。	熟练掌握针插制作方法；	成品展示、教师提示、学生探讨制作、同学互评、教师评价。	针插作品
		1—3人台标识线的贴置		1. 熟练掌握人体模台基准线的标记方法； 2. 熟练掌握人体与人台的关系，人台线与面关系。		标识好的人台
		1—4人台手臂制作		掌握布手臂的制作方法。		制作好的手臂

续表

编号	能力训练项目名称	子项目编号、名称	拟实现的能力目标	相关支撑知识	训练方式、手段及步骤	可展示的结果
2	市场调研款式专题设计	2—1 市场调研款式专题设计	通过完成设计任务要求，培养学生具备市场调研和流行分析的基本职业习惯。	市场调研和流行分析能力。	外出考察、写出考察报告，教师评价学生市场调研结果的应用能力。	市场调研报告
3	根据工作室工作任务或根据企业订单要求进行服装立体设计	3—1 裙装取样设计	1. 按照服装立体造型设计的基本原理、操作方法，剖析服装与人体关系的能力； 2. 根据产品设计要求进行立体制板纸样标记、板型纸样部位调整、整合工业纸样初板等工业纸样制板能力； 3. 按照服装立体造型设计的基本原理、操作方法，剖析服装与人体关系的能力； 4. 根据产品设计要求进行立体制板纸样标记、板型纸样部位调整、整合工业纸样初板等工业纸样制板能力。	1. 熟练掌握裙装的立体裁剪，了解裤装的立体裁剪； 2. 熟练掌握省、褶、分割线在衣身中的立体裁剪及衣身变化的立体裁剪技巧； 3. 熟练掌握基本型衣袖，掌握袖口、袖山抽褶的一片袖立体裁剪，了解变化型袖款的立体裁剪； 4. 熟练掌握基本型衣领（如连翻领、驳折领、坦翻领等）立体裁剪及变化型领款的立体裁剪。	设计任务情境，外出调研，市场考察，网上查阅资料，款式设计，师生讨论可行性，人台取样，样板分析，修改样片，回别样衣，制作成品，拍照展示，评价考核。	裙装成品
		3—2 衣身取样设计				上衣成品
		3—3 袖子取样设计				
		3—4 衣领取样设计				
4	根据任务造型技巧变化取样	4—1 造型技巧变化取样	根据立体设计基本技法及面料的二次设计等技巧解决服装设计中的立体造型问题的能力。	熟练掌握抽褶、折叠、编织、缠绕、悬垂、堆积等立体构成艺术技法。	根据设计进行面料的二次再造训练，应用于成衣设计中。	立体构成作品

续表

编号	能力训练项目名称	子项目编号、名称	拟实现的能力目标	相关支撑知识	训练方式、手段及步骤	可展示的结果
5	根据订单要求进行创意整体服装设计，将设计作品转化为产品，并进行作品展示	5—1 创意整体服装设计制作产品作品展示	1. 根据订单或设计任务要求独立完成服装整体设计任务的能力； 2. 根据整装产品综合设计要求进行立体制板纸样标记、板型纸样部位调整、整合工业纸样初板等工业纸样制板能力； 3. 在任务工作过程中培养学生勤于动手、精工细作的基本职业素养。	1. 服装成衣设计技能应用； 2. 根据整装产品综合设计要求进行立体制板纸样标记、板型纸样部位调整、整合工业纸样初板等能力。	考核设计转化为实用产品的能力。设计与生产实践紧密结合，制作出成品，并对设计进行多种方形式的展示，聘请专家进课堂和专业教师、学生共同分析、探讨学生作品，找出设计过程中的不足和问题。用企业和市场的观点检验学生学以致用的能力，同时也检验教学成果。	创意整体设计成品

4. 进程表设计

课次	周次	学时	教学目标和主要内容				
			单元标题	能力训练项目编号	知识目标	能力目标	其他（含考核内容、方法）
1—18	1—3	18学时	组建服装设计工作室	1	1. 掌握立体裁剪的定义； 2. 了解立体裁剪历史及特点； 3. 了解工作室工作状况及工作流程。	组建工作室的能力。	C.U服装工作室现场
					熟练掌握针插制作方法。	1. 按照服装设计工作室要求，能够认识和熟练掌握各种工具制作的能力； 2. 按照人体与服装立体性的关系，能够进行人体模型的选择及布料准备的能力。	针插作品
					1. 熟练掌握人体模台基准线的标记方法； 2. 熟练掌握人体与人台的关系，人台线与面关系。		标识好的人台
					掌握布手臂的制作方法。		制作好的手臂

续表

课次	周次	学时	教学目标和主要内容				
			单元标题	能力训练项目编号	知识目标	能力目标	其他（含考核内容、方法）
19—24	4	6学时	相关款式的专题设计	2	市场调研和流行分析能力。	市场调研和流行分析能力。	市场调研报告
25—60	5—10	36学时	部位立体设计	3	1. 熟练掌握裙装的立体裁剪，了解裤装的立体裁剪； 2. 熟练掌握省、褶、分割线在衣身中的立体裁剪及衣身变化的立体裁剪技巧； 3. 熟练掌握基本型衣袖，掌握袖口、袖山抽褶的一片袖立体裁剪，了解变化型袖款的立体裁剪； 4. 熟练掌握基本型衣领（如连翻领、驳折领、坦翻领等）立体裁剪及变化型领款的立体裁剪。	1. 熟练掌握裙装的立体裁剪，了解裤装的立体裁剪； 2. 熟练掌握省、褶、分割线在衣身中的立体裁剪及衣身变化的立体裁剪技巧； 3. 熟练掌握基本型衣袖，掌握袖口、袖山抽褶的一片袖立体裁剪，了解变化型袖款的立体裁剪； 4. 熟练掌握基本型衣领（如连翻领、驳折领、坦翻领等）立体裁剪及变化型领款的立体裁剪。	裙装成品 上衣成品
61—66	11	6学时	造型技巧变化应用	4	根据立体设计基本技法及面料的二次设计等技巧解决服装设计中的立体造型问题的能力。	熟练掌握抽褶、折叠、编织、缠绕、悬垂、堆积等立体构成艺术技法。	立体构成作品
67—96	12—16	30学时	创意整体服装设计	5	1. 根据订单或设计任务要求独立完成服装整体设计任务的能力； 2. 根据整装产品综合设计要求进行立体制板纸样标记、板型纸样部位调整、整合工业纸样初板等工业纸样制板能力； 3. 在任务工作过程中培养学生勤于动手、精工细作的基本职业素养。	1. 服装成衣设计技能应用； 2. 根据整装产品综合设计要求进行立体制板纸样标记、板型纸样部位调整、整合工业纸样初板等能力。	创意整体设计成品

5. 第一节课设计梗概

（1）课前提前两天布置：每位学生以“我　团队　专业　课程”为主题制作 PPT 课件。

(2) 教师提前制作以“我　团队　专业　课程”为主题的 PPT 课件。

(3) 课程开始，学生展示 PPT，介绍自己与团队，说说了解的专业与课程，中间穿插进行学生互评。通过这个环节，对学生及他们已掌握的知识进行了解。(约 50 分钟)

(4) 教师展示 PPT 中的“我”，即自我简介，让学生了解一个真实的生活化的专业教师，拉近与学生的距离，便于日后沟通。(约 10 分钟)

(5) 教师展示 PPT 中的“团队”，邀请上一级服装团队代表说说自己的团队，使学生对团队有新的认识。(约 20 分钟)

(6) 引导学生组建自己的服装工作室。通过学生自己对专业的了解，规划工作室建设预案及所需用具，布置准备用具，需自己做的用具在此环节可布置下去，下次课师生共同探讨制作。(作业布置在此环节完成) (约 60 分钟)

(7) 教师展示 PPT 中的“专业与课程”，阐述本门课程是怎样的课程，师生共同探讨如何学习此门课，使学生明确学习目标和方法。(约 25 分钟)

(8) 师生自由交流，愉快结束第一次课。(约 15 分钟)

6. 最后一节课设计梗概

(1) 课前制作整烫完成创意整体设计服装，提前布置学生制作创意整体服装设计任务情况、感受汇报 PPT 课件。

(2) 开课时学生自己穿着创意整体设计服装在校园实景拍照，此环节学生为自己的设计实现为成品而兴奋，为美丽的校园环境而感慨。(约 3 课时)

(3) 拍照完成整理准备服装静态展示。(约 1 课时)

(4) 学生展示服装，PPT 汇报任务完成情况，展示设计成果。(约 1 课时)

(5) 完成学生互评、教师点评，并提出意见或建议，结束课程。(约 1 课时)

(6) 收缴《服装设计任务书》，祝贺大家工作任务圆满完成。引导其在后续《服装综合设计》和《毕业设计》中如何应用该课技巧进行设计。预祝大家后续工作开心顺利!

(7) 将教学资料打包，赠送给学生。

(8) 彻底打扫整理工作室，材料归档，结束课程。

(9) 课后学生会有场小 Party。(课程完成，师生、学生间感情更加深厚)

三、考核方案设计

教学的考核评价是教育过程的重要环节，考核评价方式方法处理得当，将很大程度上促进教学，提高教学质量，并能激发学生的学习兴趣。

本课程属实践必修课，成绩考核为综合评定。考核方式分为学生评价、教师考核和行业外聘专家评价等多种评价方式。作品考核之前对作品进行展示，包括人台静态展示、设计者着装展示、动态展示等。

学生的最终成绩（100％）＝学习态度（30％）＋知识（30％）＋能力（40％）。

具体考核评价措施如下：

1. 对每个教学任务均制定其考核评价标准，对学生进行量化考核，规范教学，改变过去教学随意性大、学生学习无依据标准的局面。

2. 在各量化考核结束后，对教学效果进行必要的评价。评价采用两种方式：一是由教师评价，指出学生学习中的好的方面，并指出不足的方面，引起学生注意，督促学生在今后学习中改正；二是由学生自评，通过多次的自评，学生对自己有了一个正确评价，同时也对教师的工作提出了不少好的建议。

3. 对整个作业过程进行总结性评价。服装设计的大部分作业都需要学生动脑创新，完成一次作业需要很长时间，期间学生要经历“搜集资料—整理优化资料—创作设计—设计最终被表现”的过程，在此过程中学生必须开动脑筋、用心创作才会拥有一高质量的作品。对整个作业过程进行总结性评价可以变结果性评价为指导性评价，有效地指导学生的整个作业过程，在整个过程中激发学生的创新思维。

4. 对学生的作业进行定期展评。服装设计是实践性很强的一个专业，学生的作业一般最后都要以实际物品呈现出来，因此，我们每学年都要举行一次作业展。一方面展示教学成果，另一方面检验教学效果。作业展评后，学生学习的兴趣更大了，教师的责任心更强了。

5. 邀请服装企业知名人士组成专家小组进行考核，考核结果与专家意见全部反馈给学生，为学生的正式工作提供一次“实战演习”的机会。

四、教学及参考资料（指本设计所用教材及参考资料等）

（一）教学选用教材

《服装立体裁剪》 邓鹏举 王雪菲编著 化学工业出版社

（二）教学参考书的选用

《服装造型立体设计》 肖军著 中国纺织出版社

《服装立体裁剪技术》 刘咏梅编 金盾出版社

《服装立体制板》 王珉 王京菊编著 高等教育出版社

《服装立体裁剪》 张文斌 王朝辉著 中国纺织出版社

《立体裁剪与制板》 魏静编 中国高等教育出版社

《时装立体构成》 祝煜明等编 浙江大学出版社

（三）教师自制材料

1. 章节教学的系列自制 PPT 课件。

2. 多种立体设计视频资料。

3. 教师设计课程网站。

4. 教师专业课程博客、微信资料。

5. 企业用生产订单、设计任务书。

示例2:《成本核算》课程整体教学设计(陈卫华)

一、基本信息

<table>
<tr><td>课程名称</td><td>成本核算</td><td>学时</td><td>64</td><td>学分</td><td>4</td></tr>
<tr><td>开设专业</td><td>会计电算化</td><td>开设学期</td><td>4</td><td>授课对象</td><td>高职
二年级学生</td></tr>
<tr><td>所属系部</td><td>财经系</td><td>制定人</td><td colspan="3">陈卫华</td></tr>
<tr><td>课程类型</td><td colspan="5">会计电算化专业必修课</td></tr>
<tr><td>先修课程</td><td>基础会计、财务会计实务等</td><td>后续课程</td><td colspan="3">会计综合实训、管理会计等</td></tr>
</table>

二、课程设计

1. 课程目标设计

总体目标:

本课程采用“项目导向,教学做一体”的教学模式,通过讲授和实训成本会计各种生产费用的归集分配、产品成本计算的基本方法、成本报表的编制与分析等内容,使学生掌握制造业成本核算的基本流程、基本方法、成本报表的编制以及初步的成本分析知识,“学中做,做中学”,加强对成本会计实践的感性认识,提高实际动手能力和操作能力,达到学以致用的目的。

(1)能力目标

①根据《企业产品成本核算制度(试行)》的规定,会正确选择成本核算方法,准确确定成本核算项目和范围,进行产品成本的归集、分配和结转;

②会分析审核与成本核算相关的原始凭证;

③能够按照成本核算的程序,采用品种法进行成本核算;

④能够按照成本核算的程序,采用分批法进行成本核算;

⑤能够按照成本核算的程序,采用分步法进行成本核算;

⑥根据成本核算资料,会编制成本报表,能够进行初步的成本分析。

(2) 知识目标

①熟悉各种费用支出的界限;

②熟悉成本与费用的关系;

③熟悉成本核算的要求及账户设置;

④熟悉生产特点对产品成本的影响;

⑤熟悉产品成本报表的编制内容及方法;

⑥掌握成本核算的基本程序和分配方法,包括:开设成本明细账和成本计算单、分配要素费用、分配辅助生产费用(3种分配方法)、分配制造费用(4种分配方法)、废品损失和停工损失的核算、在完工产品和在产品之间分配生产费用(7种分配方法);

⑦掌握产品成本计算的品种法的特点、适用范围及应用;

⑧掌握产品成本计算的分批法的特点、种类、适用范围及应用;

⑨掌握产品成本计算的分步法的特点、种类、适用范围及应用;

⑩掌握产品成本分析的对比分析法、构成比率分析法和相关指标比率分析法的应用及反映情况。

(3) 素质目标

①具有遵章守纪的行为习惯;

②具有诚信保密的职业道德;

③具有精打细算的工作作风;

④具有团队合作精神。

2. 课程内容设计

序号	内容模块(或子模块)名称	学时
1	岗位认知	2
2	成本核算	56
3	成本报告	4
4	成本分析	2
合 计		64

3. 能力训练项目设计

编号	能力训练项目名称	子项目编号、名称	拟实现的能力目标	相关支撑知识	训练方式、手段及步骤	可展示的结果
1	运用品种法完成企业的成本核算	子项目 1.1：明确岗位责任	正确选择成本计算方法	1. 成本费用的概念，成本会计发展的历程和未来发展趋势，生产特点对产品成本的影响； 2. 会计主体的生产组织特点和工艺流程，明确岗位职责； 3. 会计主体的成本核算制度。	1. 让学生根据实训资料先行熟悉企业成本核算制度； 2. 分析讲授理论知识； 3. 引导学生正确选择成本计算方法。	分析讨论：成本会计岗位职责和成本核算流程。
		子项目 1.2：开设明细账和编制成本计算单	1. 编制成本计算单； 2. 开设相应成本费用明细账。	1. 品种法成本核算的基本程序； 2. 品种法特点和适用范围。	1. 讲授成本核算的基本程序； 2. 根据实训资料完成品种法成本计算的第一步程序。	编制的成本计算单和开设的成本费用明细账。
		子项目 1.3：分配各项费用并记账	1. 分析成本核算的原始单证，分配各项费用； 2. 进行账务处理并登记明细账。	1. 要素费用的分配方法； 2. 辅助生产费用的分配方法； 3. 制造费用的分配方法； 4. 废品损失和停工损失的核算方法。	1. 分析讲授各项费用的分配方法； 2. 根据实训资料完成各项费用的分配； 3. 自行完成各项费用分配的账务处理，并登记明细账。	1. 各项费用分配表； 2. 成本费用明细账。
		子项目 1.4：计算产品成本并记账	1. 进行成本计算； 2. 进行账务处理并登记明细账。	完工产品和在产品之间分配生产费用。	1. 分析讲授品种法下完工产品的成本计算方法； 2. 根据模拟企业的成本核算方法要求进行成本计算； 3. 进行账务处理并登记明细账。	1. 完工产品成本计算单； 2. 成本费用明细账。
		子项目 1.5：编制成本报表	能够编制基本的成本报表。	产品成本报表的编制内容及方法。	1. 分析讲授成本报表的编制内容和方法； 2. 根据资料编制成本报表。	编制的成本报表。
		子项目 1.6：进行成本分析	能够进行基本的成本分析。	产品成本分析的对比分析法、构成比率分析法和相关指标比率分析法的应用及反映情况。	1. 分析讲授成本分析的方法； 2. 根据成本报表进行成本分析。	成本分析报告。

续表

编号	能力训练项目名称	子项目编号、名称	拟实现的能力目标	相关支撑知识	训练方式、手段及步骤	可展示的结果
2	运用分批法完成企业成本核算	子项目 2.1：明确岗位责任	正确选择成本计算方法。	分批法特点和适用范围。	1. 根据资料明确成本计算方法； 2. 比较品种法与分批法的不同。	分析讨论：与项目1的企业进行比较，分析品种法与分批法的异同。
		子项目 2.2：开设明细账和编制成本计算单	1. 编制成本计算单； 2. 开设相应明细账。	分批法的产品批次的确定。	1. 根据实训资料编制成本计算单和开设成本费用明细账； 2. 根据学生做的过程中产生的问题进行知识讲授，主要是分批法下成本核算对象确定。	编制的成本计算单和开设的成本费用明细账。
		子项目 2.3：分配各项费用并记账	1. 分析成本核算的原始单证，分配各项费用； 2. 进行账务处理并登记明细账。	同子项目 1.1	1. 根据实训资料完成各项费用的分配； 2. 自行完成各项用分配的账务处理，并登记明细账。	1. 各项要素费用分配表； 2. 成本费用明细账。
		子项目 2.4：计算产品成本并记账	1. 进行成本计算； 2. 进行账务处理并登记明细账。	1. 分批法的完工产品成本计算； 2. 简化分批法的特点和适用范围。	1. 根据实训资料进行成本计算； 2. 根据学生做的过程中产生的问题进行知识讲授，主要是分批法下产品成本的计算； 3. 引申出简化分批法并讲授。	1. 完工产品成本计算单； 2. 成本费用明细账。
		子项目 2.5：编制成本报表	能够编制基本的成本报表。	同子项目 1.1	根据资料编制成本报表。	编制的成本报表。
		子项目 2.6：进行成本分析	能够进行基本的成本分析。	同子项目 1.1	根据成本报表进行成本分析。	成本分析报告。

续表

编号	能力训练项目名称	子项目编号、名称	拟实现的能力目标	相关支撑知识	训练方式、手段及步骤	可展示的结果
3	运用分步法完成企业成本核算	子项目 3.1：明确岗位责任	正确选择成本计算方法。	分步法的特点、适用范围和种类。	1. 根据资料明确成本计算方法； 2. 比较品种法、分批法与分步法的不同。	分析讨论：与项目 1 和项目 2 的企业进行比较，分析品种法、分批法和分步法的异同。
		子项目 3.2：开设明细账和编制成本计算单	1. 编制成本计算单； 2. 开设相应明细账。	1. 分步法的成本核算对象； 2. 逐步结转分步法的成本核算程序。	1. 根据实训资料编制成本计算单和开设成本费用明细账； 2. 根据学生做的过程中产生的问题进行知识讲授，主要是逐步结转分步法程序。	编制的成本计算单和开设的成本费用明细账。
		子项目 3.3：分配各项费用并记账	1. 分配各项费用； 2. 进行账务处理并登记明细账。	同子项目 1.1	1. 根据实训资料完成各项费用的分配； 2. 自行完成各项费用分配的账务处理，并登记明细账。	1. 各项要素费用分配表； 2. 成本费用明细账。
		子项目 3.4：计算产品成本并记账	1. 进行成本计算； 2. 进行账务处理并登记明细账。	1. 逐步结转分步法成本计算方法； 2. 平行结转分步法的特点和适用范围。	1. 根据实训资料进行成本计算； 2. 讲授如何采用逐步结转分步法进行成本计算； 3. 比较平行结转分步法和逐步结转分步法的异同。	1. 完工产品成本计算单； 2. 成本费用明细账。
		子项目 3.5：编制成本报表	能够编制基本的成本报表。	同子项目 1.1	根据资料编制成本报表。	编制的成本报表。
		子项目 3.6：进行成本分析	能够进行基本的成本分析。	同子项目 1.1	根据成本报表进行成本分析。	成本分析报告。

4. 进程表设计

课次	周次	学时	教学目标和主要内容				
			单元标题	能力训练项目编号	知识目标	能力目标	其他（含考核内容、方法）
1	1	2	第一次课和岗位认知	1.1	理解成本费用的概念；了解成本会计发展的历程和未来发展趋势；掌握生产特点对产品成本的影响；掌握会计主体的生产组织特点和工艺流程；掌握会计主体的成本核算制度。	根据企业的生产组织特点和核算制度，能够正确选择成本计算方法。	1. 考核内容：对成本会计课程和成本会计岗位的理解。 2. 方法：教师提问，学生回答。
2	1	2	品种法：开设明细账和编制成本计算单	1.2	掌握成本核算的基本程序；掌握品种法特点和适用范围。	1. 会编制成本计算单； 2. 开设相应成本费用明细账。	
3 | 11	2 | 6	18	品种法：分配各项费用并记账	1.3	掌握各项费用的分配方法。	1. 分配各项费用； 2. 进行账务处理并登记明细账。	
12 | 13	6 | 7	4	品种法：计算完工产品的总成本和单位成本并记账	1.4	掌握生产费用在完工产品和在产品之间的分配方法。	1. 进行成本计算； 2. 进行账务处理并登记明细账。	1. 考核内容：各项任务完成情况。 2. 方法：过程考核＋结果检查。
14	7	2	品种法：编制成本报表	1.5	了解成本报表的种类和编制方法。	能够编制基本的成本报表。	
15	8	2	品种法：进行成本分析	1.6	掌握成本分析的基本方法。	能够进行基本的成本分析。	
16	8	1	分批法：开设明细账，编制成本计算单	2.1、2.2	掌握分批法的特点和适用范围；掌握分批法下成本核算对象的确定。	1. 会编制成本计算单； 2. 开设相应明细账。	
17 | 18	8 | 9	5	分批法：分配各项费用并记账	2.3	掌握各项费用的分配方法和账务处理。	1. 分配各项费用； 2. 进行账务处理并登记明细账。	

续表

课次	周次	学时	教学目标和主要内容				
			单元标题	能力训练项目编号	知识目标	能力目标	其他（含考核内容、方法）
18-19	10	4	分批法：计算每批完工产品的总成本和单位成本	2.4	掌握简化分批法的成本计算程序，重点掌握一般分批法和简化分批法的不同。	1. 进行成本计算； 2. 进行账务处理并登记明细账。	
20	11	2	分批法：编制成本报表并进行成本分析	2.5、2.6	了解成本报表的种类和编制方法、掌握成本分析的方法。	能够编制基本的成本报表，进行成本分析。	
20	11	1	分步法：开设明细账编制成本计算单	3.1、3.2	掌握分步法的特点、适用范围和种类；掌握分步法下成本核算对象的确定。	1. 会编制成本计算单； 2. 开设相应明细账。	
21-24	11-13	8	分步法：分配各项要素费用并记账	3.3	掌握各项要素费用的分配方法和账务处理。	1. 分配要素费用； 2. 进行账务处理并登记明细账。	
25-31	14-16	10	分步法：结转产品成本，最终计算完工产品成本和单位成本	3.4	掌握平行结转分步法和综合结转分步法的成本计算程序，并进行比较。	1. 进行成本计算； 2. 进行账务处理并登记明细账。	
31	16	2	分步法：编制成本报表并进行成本分析	3.5、3.6	了解成本报表的种类和编制方法；掌握成本分析的方法。	能够编制基本的成本报表，进行成本分析。	
32	16	2	课程总结		掌握成本会计课程的主要知识点和技能点，理解本课程对于后续综合实训和管理会计课程学习的重要性。	具备岗位核算能力，能够胜任成本会计岗位工作。	1. 考核内容：对课程知识点和技能点的掌握情况。 2. 方法：小组汇报、总结、展示＋小组互评＋教师评价。

5. 第一节课设计梗概

(1) 环节1：自我介绍（3分钟）

幽默诙谐的开场白后，介绍个人基本情况、任课情况，公开邮箱、QQ和手机号。

(2) 环节2：自由发言（15分钟）

由学生回顾一下之前学习的会计课程和已经学习过的会计知识，阐述对本门课程的认识，以及希望从本课程的学习中获得什么等。通过这个环节，对学生已掌握的知识和掌握情况有所了解。

(3) 环节3：课程介绍（22分钟）

学习目标：介绍本课程在整个课程体系中的地位与作用，引出本课程的学习目标。

学习内容：介绍本课程的基本框架、基本内容和重难点内容。

教学方法：介绍本课程的“教学做”一体化的教学模式和小组学习法的组织实施。特别强调“教师指导学着做”课内项目和“教师引路独立做”的课外项目。

学法指导：本课程教学采用分组教学法，课下在老师指导下，完成学习小组的划分。课程任务的实施以小组为单位进行，所以，学习过程中要注重团队协作。同时，在任务实施过程中，要养成善于思考的好习惯，能够发现问题，并运用所学知识解决问题。

课程考核：介绍课程考核的内容和考核方式，主要是明确小组和个人加减分项目细则。

布置课外作业：要求学生以小组为单位搜集成本会计在职称考试中的考点和考题，形成题库，期末理论考试从题库中自动组卷进行测试。

(4) 环节4：自由交流（5分钟）

6. 最后一节课设计梗概

(1) 环节1：自主总结交流，展示实训成果（15分钟）

各小组自主总结本课程所学习的主要内容，包括知识点和技能点，交流学习情况，展示实训成果。评价本课程的教学效果，并提出意见或建议。

(2) 环节 2：教师梳理，总结提升（20 分钟）

本环节是对课程的高度概括，教师采用知识树的形式，总结本课程的主要知识点和技能点，并进一步强调本课程对后续综合实训和《管理会计》课程学习的重要性。本课程的内容结构如图 1 所示：

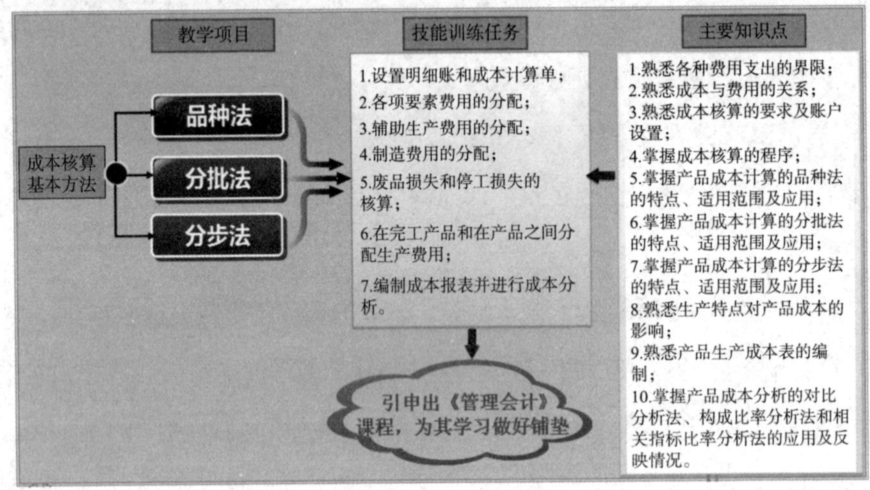

图 1　课程内容总结

(3) 环节 3：互评打分，圆满结束（10 分钟）

小组互评打分，教师参与互评。汇总任务表和评价表，作为学生最后成绩评定的依据。祝愿学生圆满完成本课程学习。

三、考核方案设计

本课程的考核环节分为两部分：一是过程性考核（60%），一是结果性考核（40%）。

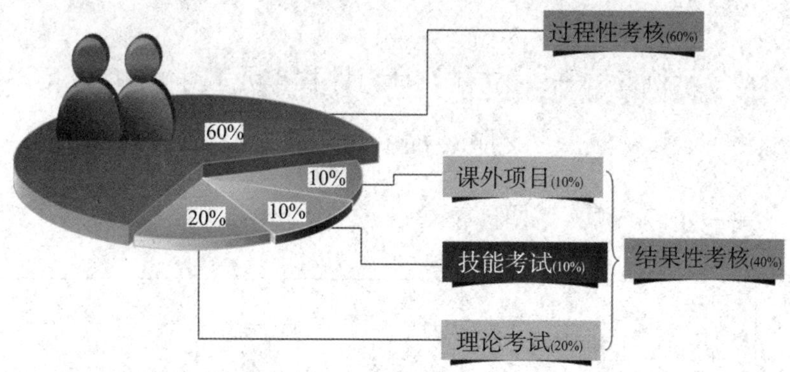

过程性考核主要根据课堂教学项目实施过程中的表现和各项任务的完成情况进行打分评价。总共包括两部分成绩，一部分是小组成绩，由教师根据小组的工作组织情况、成员参与度、成员工作态度、任务完成的质量和效率等进行随堂打分；课程结束后，小组互评打分。两部分成绩相加并进行换算，为小组成员的成绩。另一部分是个人表现，个人表现考核由教师根据学生的个人表现进行加分或减分，各项加分减分项目，根据首次课明确的考核细则进行。

结果性考核也是从三个方面进行：一是课外项目的完成情况，根据各小组提交的实训资料以及各小组的汇报由三方主体进行评价打分；二是期末的技能考试，要求学生在规定的时间内，完成技能训练项目；三是期末的理论考试，侧重考核与职业资格证考试相关的理论知识。

四、教学及参考资料

1. 侯君邦，冯素平：《成本会计》，山东人民出版社，2012 年 1 月版。

2. 胡中艾，蒋晓芸：《成本核算》，高等教育出版社，2011 年 8 月版。

3. 蒋晓芸：《成本核算实训》，高等教育出版社，2011 年 7 月版。

示例 3：《服装立体设计》课程单元教学设计
——《服装袖子立体取样设计》（张莹）

一、教案头

<table>
<tr><td rowspan="2">单元标题：</td><td colspan="2" rowspan="2">服装袖子立体取样设计</td><td>单元教学学时</td><td>4</td></tr>
<tr><td>在整体设计中的位置</td><td>任务 3 中
的子任务</td></tr>
<tr><td>授课班级</td><td colspan="2">略</td><td>上课地点</td><td>略</td></tr>
<tr><td rowspan="2">教学目标</td><td colspan="2">能力目标</td><td>知识目标</td><td>素质目标</td></tr>
<tr><td colspan="2">1. 培养学生能够根据任务或订单要求收集袖子相关资料和市场调研袖型变化的能力；
2. 培养学生能够根据任务或订单要求进行袖型设计的能力；
3. 培养学生能够根据任务或订单要求进行立体取样的能力；
4. 能够根据取样分析样板的能力。</td><td>1. 掌握人体手臂与袖子造型的关系；
2. 掌握袖型的设计方法；
3. 熟练掌握利用人台进行衣袖立体取样的方法与技巧；
4. 熟练掌握袖型样板的分析方法。</td><td>1. 通过完成设计任务要求，培养学生具备服装设计工作所需的终身学习习惯与职业规划能力；
2. 在任务工作过程中培养学生勤于动手、精工细作的基本职业素养。</td></tr>
<tr><td>能力训练任务及案例</td><td colspan="4">能力训练任务 1：（课前）
根据任务或订单要求收集袖子相关资料和市场调研袖型变化，汇总相关资料；（资料收集与调研能力培养）
能力训练任务 2：（课前）
根据任务或订单要求设计袖型；（设计能力的培养）
能力训练任务 3：（课中）
根据资料准备情况进行汇报；（综合能力的培养）
能力训练任务 4：（课中）
利用人台进行衣袖立体取样；（取样能力的培养）（★重点★）
能力训练任务 5：（课中）
能够根据取样分析样板；（样板分析能力的培养）（★难点★）
能力训练任务 6：（课后）
运用计算机整理材料的能力。（学生基本工作能力的培养）</td></tr>
</table>

续表

<table>
<tr><td>教学材料</td><td>选用教材
《服装立体裁剪》　邓鹏举　王雪菲编著　化学工业出版社
教学参考书的选用
《服装造型立体设计》　肖军著　中国纺织出版社
《服装立体裁剪技术》　刘咏梅编　金盾出版社
《服装立体制板》　王珉　王京菊编著　高等教育出版社
《服装立体裁剪》　张文斌　王朝辉著　中国纺织出版社
自制材料
1. 教师制作袖子教学 PPT 课件；
2. 学生制作袖子款式变化 PPT 课件；
3. 袖子立体设计视频资料；
4. 袖子立体设计任务书；（附件 1）
5. 企业用生产订单样单。（附件 2）</td></tr>
</table>

二、教学设计

步骤	教学内容	教学方法	教学手段	学生活动	时间分配
一1 前序课程布置工作任务	1. 创设情境，布置任务： C.U服装设计工作室接到一紧急设计任务，需设计两款袖型有特色的时尚服装，要求你在人台上对袖型进行立体取样。 2. 发放实训任务单： 任务完成时间：5 月 12 日 15：00 前。袖子设计完成后将设计成品图片以压缩文件包发至客户邮箱：zhangying720130@163.com。 3. 教师提出工作要求： (1) 学生搜集袖型资料； (2) 袖子流行市场调研； (3) 汇总资料，下节汇报。	角色扮演、情境模拟、小组讨论、同伴教学、小组设计等方法。	多媒体、图片、任务书	学生了解工作任务 师生共同探讨任务要求	提前一周

续表

步骤	教学内容	教学方法	教学手段	学生活动	时间分配
0 课余 工作 准备	教师课余指导。	探究法 发现法	多媒体 观看视频课件	学生根据任务或订单要求收集袖子相关资料和市场调研袖型变化，汇总相关资料，制作 PPT 课件；（资料收集与调研能力培养） 学生根据任务或订单要求设计袖型。（设计能力的培养）	1 周
1 开课 学生 汇报	教师即时点评。	评价法 陶冶法	网络 多媒体教学	学生根据收集袖子相关资料和市场调研袖型变化情况进行 PPT 汇报、讲解。（学生间可相互提问）	20 分钟
2 教师 点评	教师对学生资料搜集情况及市场调研情况进行点评，指出存在的问题，提醒学生在职场应如何开展信息收集、市场调研，如何更好地学会汇报工作。	评价法 陶冶法	网络 多媒体教学	学生讨论职场工作基本素质。	10 分钟
3 引入 任务	教师明确工作任务和任务实训步骤。	情景模拟 小组讨论等	多媒体教学	学生根据任务预测任务实施中可能出现的问题。（由学生确定本项目任务实施的重点、难点）	10 分钟

续表

步骤	教学内容	教学方法	教学手段	学生活动	时间分配
4 任务 实施	教师对学生提出的共同问题进行答疑。	启发法 探究法	多媒体 图片	引导学生参与与老师一起解决共性问题。	10分钟
	袖子重点取样环节教师演示。	呈现法 实践法	实物袖子 多媒体	演示过程中，学生协助参与完成。	20分钟
	教师巡回指导，因材施教，引导解决学生中出现的问题。 对取样过程中学生出现的严重问题拍照留档，待分析时回放。	探究法 实践法 发现法 强化法	实物袖子 多媒体	学生利用人台进行衣袖立体取样，培养学生的取样能力。 如遇问题学生自主商讨解决或教师协助解决。	140分钟
	教师选取问题较大的样片与学生共同分析，启发学生多多思考。	探究法 实践法 发现法 强化法	实物袖子 多媒体	进行取样分析，培养学生样板分析能力。	20分钟
	教师总结任务完成过程中存在的问题，师生共同评价设计样衣。 对严重的问题利用所拍照片通过多媒体进行回放，引导学生改正。	探究法 实践法 发现法 强化法	实物袖子 多媒体	学生掌握取样技巧，完成设计样衣回放。 学生自评。 展示样衣。	20分钟
5 任务 考核	评价一：教师评价设计者完成任务的过程表现，包括技巧的应用、解决问题的能力、工作的态度等。	评价法 自查法	多媒体 考核表	评价二：学生自我评价，对任务完成过程中的设计、取样、回放及展示效果进行评价总结； 评价三：学生互评，最后投票选出最好的设计。	10分钟
6 任务 完成 总结	教师再次明确任务书填写要求。	总结归纳法	任务书 多媒体	学生利用电脑完成任务书填写，将电子版发客户邮箱：zhangying720130 @163. com。	5分钟
作业	新工作任务发布： 服装领子立体取样设计任务。				

续表

课后体会	1. 将学生服装设计工作室（CU服装设计工作室）引入课堂，使学生变为课堂的主人，实现学生身份转换（非角色扮演）。 2. 创设服装工作室典型工作任务情境，师生角色发生转换，激发学生的学习兴趣。 3. “翻转课堂式教学模式”下，学生在课下完成相关学习，而课堂变成老师学生之间和学生与学生之间互动的场所，包括答疑解惑、知识的运用等，从而达到更好的教育效果。 4. 职业素质培养贯穿整个教学过程。 5. 职业教育与就业、创业教育贯穿课改始终。

注：每个步骤占用的行数，可以按照实际需要增减。

附：课程设计体会

1. 翻转课堂因学生的参与而活跃，知识因学生的共同探讨而巩固，能力因师生的互动而提升。

2. 课堂改革不只是改变了课堂的形式，最重要的是提高了课堂的质量与成效。

3. 课改让教师走进了学生的心，人人都可是老师，处处均可做讲台。

4. 新课堂拓展的是知识，提升的是能力，增强的是信心。专业教学与学生素质教育密不可分。

附件 1：

《服装立体设计》

服装袖子立体取样设计任务书

2014 年 5 月 12 日衣袖变化立体取样设计任务

亲们：

5 月 11 日的“母亲节”，相信大家一定为母亲送去了温馨祝福！现在我们要用工作成绩报答亲爱的父母。工作室接到一紧急设计任务，需设计 2 款袖型有特色的时尚服装，要求你在人台上对袖型进行立体取样。

任务完成时间：5 月 12 日 15：00 前。袖子设计完成后将设计成品图片以压缩文件包发至客户邮箱：zhangying720130@163.com。

如果你的设计被客户认可，经理会有奖励（⊙o⊙）哦。如有疑问请与经理联系，经理将为你解决一切可能出现的难题。

建议大家利用所学结构、立体裁剪、工艺知识完成该项任务，准备过程中希望大家相互探讨、相互合作。

祝各位设计师工作顺利！期待你的大作问世。母亲一定以你为荣！

衣袖变化立体取样设计任务评价表

姓名		班级	2012 级服装班
序号	评价要点	分数	得分
1	衣袖变化取样规范	20	
2	袖子制作程序合理	20	
3	衣袖变化取样符合人体要求	20	
4	制作过程中协作解决问题能力	20	
5	信息处理、文档资料整理能力	20	
合计		100	

注：工作完成后请将衣袖变化立体取样设计款式图附后。

示例4：《成本核算》课程单元教学设计——《材料费用的分配》（陈卫华）

一、教案头

<table>
<tr><td colspan="2" rowspan="2">单元标题：</td><td rowspan="2">材料费用的分配</td><td>单元教学学时</td><td>2</td></tr>
<tr><td>在整体设计中的位置</td><td>第3次</td></tr>
<tr><td colspan="2">授课班级</td><td>略</td><td>上课地点</td><td>略</td></tr>
<tr><td rowspan="2">教学目标</td><td colspan="2">能力目标</td><td>知识目标</td><td>素质目标</td></tr>
<tr><td colspan="2">1. 能够理解材料的含义和分类；
掌握材料采购和发出的账务处理程序。
2. 理解并掌握间接材料的分配方法。
3. 能够根据材料费用分配表进行发料的账务处理，并登记相关明细账。</td><td>1. 理解材料的含义和分类；
2. 掌握材料采购和发出的账务处理程序；
3. 理解并掌握间接材料的分配方法。</td><td>1. 培养学生遵章守纪的良好行为习惯；
2. 培养学生具有精打细算的工作作风；
3. 通过小组学习，培养学生团结协作的精神。</td></tr>
<tr><td>能力训练任务及案例</td><td colspan="4">任务1. 分析领料单，根据领料单编制材料费用分配表。
任务2. 做出材料发出的账务处理，登记相关明细账。</td></tr>
<tr><td>教学材料</td><td colspan="4">教材：
《成本会计》　侯君邦主编　山东人民出版社
教师用材料：
1. 课件：自制PPT；
2. 参考教材2本；
3.《成本核算》课程标准一份。
教学用材料：
1. 泰山机床厂的成本核算资料；（品种法实训资料）
2. 岳峰服装厂的成本核算资料；（分批法实训资料）
3. 岱岳纺织厂的成本核算资料；（分步法实训资料）
4. 数量金额式明细账；
5. 三栏式明细账；
6. 多栏式明细账；
7. 任务书。
仪器：多媒体设备</td></tr>
</table>

二、教学设计

步骤	教学内容	教学方法	教学手段	学生活动	时间分配
1 (任务引入)	创设情境： 作为泰山机床厂的成本会计，月末汇集车间领料单，并与车间进行了核对。 明确任务： 完成材料费用的分配与核算。	情境引入，激发兴趣。	多媒体展示 板书提示	明确教学任务，汇总领料单。	10
2 (任务实施)	教师讲： 1. 原材料定义和分类； 2. 原材料收发的程序、岗位设置和岗位职责； 3. 材料发出汇总表的编制。	问题导向，启发教学；课堂表现，及时打分。	多媒体展示 板书提示	课前提前预习，根据教师提示问题进行积极思考，并回答。	10
	学生做： 根据领料单，自行完成材料费用分配表的编制。	任务驱动，学做结合。	多媒体展示	根据任务要求，小组协作完成任务。	30
	教师导： 如果多种产品共同耗用了同一种原材料，如何分配材料费用。	问题导向，启发教学。	多媒体展示	思考问题，自学教材内容，小组总结，回答问题。	10
	学生做： 存在共同耗用材料的情况下，编制材料费用分配表。	任务驱动，学做结合。	多媒体展示	编制材料费用分配表，与之前的分配表进行比较，总结不同。	10
	学生做： 根据材料费用分配表，完成材料发出的账务处理，并登记相关明细账。	任务驱动，学做结合。	多媒体展示	完成账务处理，并登记相关成本费用明细账。	10

续表

步骤	教学内容	教学方法	教学手段	学生活动	时间分配
3 (任务总结)	师生总结： 1. 各小组选派代表总结本次课的主要内容，并评价任务完成情况。 2. 教师强调本次课的主要内容，并对各小组任务完成情况作出总体评价。	互动教学。	多媒体展示	认真进行课程总结，积极汇报发言。	10
作业	1. 预习下次课内容：人工费用的分配。 2. 延伸作业：电算化的供应链管理中材料费用的核算如何进行？（讨论）				
课后体会	“项目导向，任务驱动”的教学做一体化的教学模式使得课堂教学效果明显提高。通过情境引入，明确学生的岗位角色，激发学生的学习兴趣；结合实训资料，让学生学做结合，真正地动起来，达到有效课堂的标准；针对学生做的过程中存在的问题，进行有效的引导，使学生进一步明确岗位工作职责，并准确完成岗位工作任务。				

注：每个步骤占用的行数，可以按照实际需要增减。

附：

课程设计体会

本课程的整体设计贯彻了戴士弘教授的项目化教学理念，结合学院的“有效课堂”教学活动的开展，通过改革课程原有的授课内容和授课方式，激发了学生的学习兴趣，提高了学生的动手能力，加深了学生对本课程理论知识的理解和掌握。整个课程设计完成后，主要的体会有以下三点。

一、用心动脑，形成思路

课程改革与设计不是一个人一朝一夕就能完成的，需要教师用心动脑去思考。首先，要有“教书育人”的责任感和对待教学工作的认真态度，态度决定结果；其次，要学习先进的课程改革与设计的理念，吸取成功课改案例的经验，结合自己所授课程的特点和教学实际情况，进行不断地思考，初步形成课程改革思路；最后，要成立课程改革团队，根据实际情况，每个团队 2～5 人不等，团队成员对课改思路进行交流、切磋，采用集体备课、研讨、培训等方式，经常开展“头脑风暴”，形成课程的整体设计思路。

二、付诸实践，修改完善

根据课程的整体设计思路，通过进一步梳理，形成课程整体设计方案。每个团队成员再根据自己的讲课特点，进行课程单元设计。整体设计和单元设计完成后，关键是要将其运用到实际教学中。在实际运用的过程中，一定会遇到很多的问题，这就需要团队成员不断地对前期的设计进行修改完善，保证课程改革与设计的可行性和有效性。

三、总结改进，提高升华

课程改革与设计每进行一个阶段，就要充分发挥教学团队的作用，集合团队成员的智慧，对课程设计进行高水平的总结。条件成熟的情况下，可以将课程改革思路和改革内容转化成论文、课题等教学研究成果。本课程的改革已形成论文，并被《长春教育学院学报》录用。同时，在课程实施过程中，如果存在着课程资源缺乏等问题，就要进行课程资源的建设。比如，本课程在课改过程中，我们发现课程的仿真实训资料是缺乏的，因此，我们以方便教学为目的，准备自编教材，现已形成教材编写的思路。自编教材完成后，将作为专业建设的成果之一。课程改革与设计和教学实施，提高了教师的执教能力；将课程改革的思路和内容转化成教研成果的过程，提高了教师的科研能力，最终的合力是提高了教师的综合职业能力。

课程设计整个过程下来，所有的感受汇成一句话，那就是“有付出才有收获”！

高职课堂教学现状调查问卷（教师组）

敬爱的老师：

我们是山东省职业教育教学改革“高职院校有效教学研究与实践”项目组，为提高研究实效，改进教育教学质量，我们需要听到您最真实的课堂教学情况反馈信息，以便进行深入研究。

请给予支持。谢谢！

“高职院校有效教学研究与实践”项目组

请您填写以下信息：

您所教课程________（1. 文化课　2. 专业基础课　3. 专业核心课程）

您的年龄__________，性别________________

请您回答以下20个单项选择：

1. 您在课堂教学设计方面（　　）

(1) 比较随意　　(2) 不太注重　　(3) 一般

(4) 比较注重　　(5) 非常注重

2. 您一般会根据“课堂教学实施后，学生能做什么”来设定教学目标（　　）

(1) 完全不符合　　(2) 不太符合　　(3) 一般

(4) 比较符合　　(5) 完全符合

3. 您在选择教学内容时注意了基于岗位需求和学生成长的需要（　　）

(1) 完全不符合　　(2) 不太符合　　(3) 一般

(4) 比较符合　　(5) 完全符合

4. 您在上课时注意突出重点，讲清难点，有条理性和逻辑性（　　）

(1) 完全不符合　(2) 不太符合　(3) 一般

(4) 比较符合　(5) 完全符合

5. 您在选择教学内容时比较关注内容的时代性和前沿性（　　）

(1) 完全不符合　(2) 不太符合　(3) 一般

(4) 比较符合　(5) 完全符合

6. 您上课时，学生在课堂上的主动参与性如何（　　）

(1) 不参与　(2) 不积极参与　(3) 一般

(4) 比较积极参与　(5) 积极参与

7. 学生在课堂上与您的互动性如何（　　）

(1) 不互动　(2) 不积极互动　(3) 一般

(4) 比较积极互动　(5) 积极互动

8. 您平时使用项目教学的情况（　　）

(1) 不适合所教课程，不用　(2) 用过，效果不佳

(3) 偶尔用，效果一般　(4) 经常用，效果较好

(5) 经常用，非常有效

9. 您常用的教学方式方法（　　）

(1) 纯理论讲解　(2) 理论讲解为主　(3) 理论与实训结合

(4) 实训为主　(5) 纯实训

10. 针对您所教课程，学校的教学设施是否完善（　　）

(1) 很不完善　(2) 不太完善　(3) 一般

(4) 比较完善　(5) 非常完善

11. 您所教课程，课堂学习气氛（　　）

(1) 很沉闷　(2) 比较沉闷　(3) 一般

(4) 比较活跃　(5) 非常活跃

12. 课堂教学中，您经常渗透人文素质教育（　　）

（1）完全不符合　（2）不太符合　（3）一般

（4）比较符合　（5）完全符合

13. 对学生上课睡觉玩手机等现象，您的态度一般是（　　）

（1）置之不理

（2）影响他人的情况下才批评

（3）用眼神等体态语言提醒

（4）严厉批评

（5）课上及时制止，晓之以理动之以情对学生及时进行教育

14. 您自认为是真正的“双师”素质型教师，而不是“双证”型教师（　　）

（1）完全不符合　（2）不太符合　（3）一般

（4）比较符合　（5）完全符合

15. 您认为目前教学改革的关键是（　　）

（1）教学内容改革　（2）课程改革　（3）教学方法改革

（4）教学模式改革　（5）加强教学信息化改革

16. 就您观察，学生对您的讲课内容（　　）

（1）不感兴趣　（2）不太感兴趣　（3）一般

（4）比较感兴趣　（5）很感兴趣

17. 就您观察，学生对您讲课的方法感觉（　　）

（1）完全不能接受　（2）勉强可以接受　（3）一般

（4）可以接受　（5）很有吸引力

18. 就您观察，课堂上能认真听课，学习有成效的学生约占全班的（　　）

（1）30%以下　（2）40%左右　（3）60%左右

（4）80%左右　（5）90%以上

19. 您认为在学完一门课程后，学生掌握知识能力的程度（　　）

(1) 30%以下　　(2) 40%左右　　(3) 60%左右

(4) 80%左右　　(5) 90%以上

20. 您对课堂教学的总体评价是（　　）

(1) 无效　　(2) 效果较差　　(3) 一般

(4) 比较有效　　(5) 非常有效

高职课堂教学现状调查问卷（学生组）

亲爱的同学：

我们是山东省职业教育教学改革“高职院校有效教学研究与实践”项目组，为提高研究实效，改进教育教学质量，我们需要听到您最真实的课堂教学情况反馈信息，以便进行深入研究。

请给予支持。谢谢！

“高职院校有效教学研究与实践”项目组

1. 性别？

A. 男　　B. 女

2. 所在专业大类？

A. 农林牧渔类　　B. 土木建筑类

C. 装备制造类　　D. 生物与化工类

E. 轻工纺织类　　F. 食品药品与粮食类

G. 交通运输类　　H. 电子信息类

I. 财经商贸类　　J. 旅游类

K. 文化艺术类　　L. 教育与体育类

M. 其他类

3. 所在年级?

A. 大一　　B. 大二

C. 大三

4. 您如何看待大学的课程学习?(可多选)

A. 看自己的规划和兴趣，有侧重地学习或不学习

B. 六十分万岁

C. 只要能拿毕业证，怎么样随意

D. 专业课学好，其他无所谓

E. 需要好好学习，具备应有的专业素质

F. 没必要认真学，对就业没多大用

5. 您认为在大学里的学习最重要的是获得什么?(可多选)

A. 过硬的专业知识　　B. 良好的专业技能

C. 人文素质　　D. 交际能力及组织管理能力

E. 无所谓　　F. 其他

6. 您认为目前的课程教学是否需要改进?

A. 需要　　B. 不需要

7. 您对老师讲课内容感觉如何?

A. 很感兴趣　　B. 一般

C. 不感兴趣

8. 您认为学习兴趣不高的主要原因是什么?(可多选)

A. 厌学　　B. 学习氛围不浓

C. 家庭条件优越，不需要学习

D. 没有激发出学习兴趣　E. 学也学不会

9. 您认为老师讲课的方法如何?

A. 很有吸引力　　B. 勉强可以接受

C. 枯燥无味

10. 课堂上，大多数教师经常采用何种方法进行课堂讲解?

A. 全由老师讲解　　B. 以老师为主，辅以教师与学生互动

C. 以学生为主，辅以教师指导

11. 您比较认可的教师讲课的方法是什么样的?

A. 全由老师讲解

B. 以老师为主，辅以教师与学生互动

C. 以学生为主，辅以教师指导

12. 您对“翻转课堂”的看法如何?

A. 很有成效　　B. 成效不大

C. 不知道什么意思

13. 您认为哪些教学方法，能达到调动同学学习积极性的目的?（可多选）

A. 多媒体教学　　B. 任务驱动

C. 案例分析　　D. 小组讨论

E. 情景模拟　　F. 项目教学

14. 您认为当前教师与学生互动的次数如何?

A. 偏多　　B. 适中

C. 偏少　　D. 缺乏

15. 您认为学完一门课程后，能学到课程内容的比例为多少?

A. 90%以上　　B. 80%左右

C. 60%左右　　D. 40%左右

E. 30%以下

16. 您认为课堂上认真听课、学习有成效的学生约占全班的比例为多少?

A. 90%以上　　B. 80%左右

C. 60%左右　　　　D. 40%左右

E. 30%以下

17. 您对当前课堂教学的总体评价是什么?

A. 很有成效　　　　B. 成效一般

C. 成效较低　　　　D. 没有成效

18. 您认为当前学习成效低的主要原因是什么?(可多选)

A. 学习兴趣不高　　　　B. 学习方法不当

C. 缺乏学习氛围　　　　D. 教学方法单一

E. 教学手段落后　　　　F. 其他

19. 您最希望课堂教学中加大哪方面的比例?(可多选)

A. 理论　　　　B. 实训

C. 实习　　　　D. 仿真实训

20. 您认为改善课堂教学中存在问题的有效措施有哪些?(可多选)

A. 提高教师上课水平

B. 加强管理，严肃课堂纪律和出勤考核

C. 营造良好的课堂学习气氛

D. 提高学生自身素质

E. 改善学校软硬件设施

F. 其他

主要参考文献

[1] 马克思,等.马克思恩格斯选集(1～4卷)[M].北京:人民出版社,1972.

[2] 毛泽东.毛泽东选集(1～4卷)[M].北京:人民出版社,1991.

[3] 文学国.马克思恩格斯列宁斯大林论教育[M].北京:中国社会科学出版社,2016.

[4] 何中华.重读马克思[M].济南:山东人民出版社,2009.

[5] 刘黎明.教育学视阈中的人:基于马克思主义人学的思考[M].北京:科学出版社,2010.

[6] 杨伯峻.论语译注[M].北京:中华书局,1980.

[7] 张惠芬,等.中国教育简史[M].上海:华东师范大学出版社,2001.

[8] 黄济.教育哲学通论[M].太原:山西教育出版社,2011.

[9] 黄济,等.现代教育论[M].北京:人民教育出版社,1996.

[10] 全国十二所重点师范大学.教育学基础[M].北京:教育科学出版社,2008.

[11] 全国十二所重点师范大学.课程论[M].北京:教育科学出版社,2007.

[12] 袁振国.教育原理[M].上海:华东师范大学出版社,2001.

[13] 袁振国.当代教育学[M].北京:教育科学出版社,2010.

[14] 郑金洲.教育通论[M].上海:华东师范大学出版社,2000.

[15] 方明.陶行知教育名篇[M].北京:教育科学出版社,2005.

[16] 李秉德. 教学论[M]. 北京:人民教育出版社,1991.

[17] 吴文侃,比较教学论[M]. 北京:人民教育出版社,1999.

[18] 施良方,等. 教学理论:课堂教学的原理、策略与研究[M]. 上海:华东师范大学出版社,1999.

[19] 杜威. 民主主义与教育[M]. 王承绪,译. 北京:人民教育出版社,1990.

[20] 伯尼·特里林,等. 21 世纪技能:为我们所生存的时代而学习[M]. 洪友,译. 天津:天津社会科学出版社,2011.

[21] 加里·D. 鲍里奇. 有效教学方法(第四版)[M]. 易东平,译. 南京:江苏教育出版社,2013.

[22] 肯尼斯·摩尔. 有效的教学策略:从理论到实践[M]. 庞萍,译. 北京:世界知识出版社,2013.

[23] 希尔伯特. 迈尔. 课堂教学方法(实践篇)[M]. 冯晓春,等,译. 上海:华东师范大学出版社,2011.

[24] 威廉. 威伦,等. 有效教学策略[M]. 李森,等,译. 北京:教育科学出版社,2009.

[25] 罗伯特·J. 马扎诺. 教学的艺术与科学——有效教学的综合框架[M]. 盛群力,等,译. 福州:福建教育出版社,2014.

[26] 安德烈·焦尔当. 学习的本质[M]. 杭零,译. 上海:华东师范大学出版社,2015.

[27] 约翰·D. 布兰思福特,等. 人是如何学习的:大脑、心理、经验及学校(扩展版)[M]. 程可拉,等,译. 上海:华东师范大学出版社,2013.

[28] 戴尔. H. 申克. 学习理论(第六版)[M]. 何一希,等,译. 南京:江苏教育出版社,2012.

[29] 萨尔曼·可汗. 翻转课堂的可汗学院:互联网时代的教育革命[M]. 刘婧,译. 杭州:浙江人民出版社,2014.

[30] Anita Woolfolk. 教育心理学(第十版)[M]. 何先友,等,译. 北京:中国轻工业出版社,2015.

[31] 高慎英. 有效教学的新思路——20 世纪 80 年代以来西方学校教学变革研究[M]. 济南:山东教育出版社,2011.

[32] 高慎英,等. 有效教学论[M]. 广州:广东教育出版社,2004.

[33] 余文森. 有效教学[M]. 北京:高等教育出版社,2013.

[34] 崔允漷. 有效教学[M]. 上海:华东师范大学出版社,2009.

[35] 余文森. 有效教学的理论和模式[M]. 福州:福建教育出版社,2011.

[36] 孙亚玲. 课堂教学有效性标准研究[M]. 北京:教育科学出版社,2008.

[37] 姜大源. 职业教育研究新论[M]. 北京:教育科学出版社,2008.

[38] 赵志群,等. 职业教育行动导向的教学[M]. 北京:清华大学出版社,2016.

[39] 戴士弘. 职教院校整体教改[M]. 北京:清华大学出版社,2012.

[40] 马树超,等. 中国高等职业教育历史的抉择[M]. 北京:高等教育出版社,2009.

[41] 周建松,等. 中国高等职业教育研究十年:2001~2010[M]. 杭州:浙江大学出版社,2012.

[42] 鲍洁. 中国高等职业教育课程改革状况研究[M]. 北京:中国铁道出版社,2012.

[43] 庄西真. 职业学校的学与教[M]. 北京:知识产权出版社,2015.

[44] 邵瑞珍. 教育心理学(修订本)[M]. 上海:上海教育出版社,1997.

[45] 陈琦,等. 当代教育心理学(第二版)[M]. 北京:北京师范大学出版社,2007.

[46] 崔景贵. 职业教育心理学导论[M]. 北京:科学出版社,2008.

[47] 曲莉梅. 倡导小组合作学习,构建高效课堂教学——“学习金字塔”理

论的启示[J]. 职业时空,2014(7):103～105.

[48] 成尚荣. 教学改革绝不能止于"有效教学"——"有效教学"的批判与思考[J]. 人民教育,2010(23):36～40.

[49] 姚利民. 国外有效教学研究述评[J]. 外国中小学教育,2005(8):23～27.

[50] 宋秋前. 有效教学的涵义和特征[J]. 教育发展研究,2007(1A):39～42.

[51] 高慎英. "有效教学"的理想[J]. 课程. 教材. 教法,2005(8):22～25,43.

[52] 钟启泉. "有效教学"研究的价值[J]. 教育研究,2007(6):31～35.

[53] 罗雅萍. 成功的课堂教学来自于教师的有效教学行为[J]. 湖南师范学院学报,2002(4):81～83.

[54] 范蔚,等. 20 世纪 90 年代以来"有效教学"研究述评[J]. 重庆大学学报(社会科学版),2010(4):133～137.

[55] 姚利民. 中外教育家有效教学思想初探[J]. 湖南大学学报(社会科学版),2005(3):107～110.

[56] 乔建中,等. 我国有效教学研究的现状与问题[J]. 江苏教育研究,2008(1):30～34.

[57] 姚利民. 有效教学涵义初探[J]. 现代大学教育,2004(5):10～13.

[58] 王鉴,等. 近十年来我国"有效教学"问题研究评析[J]. 教育科学研究,2008(10):39～43.

[59] 王成营. 国内外有效教学研究现状与未来发展趋势[J]. 湖北工程学院学报,2015(1):84～88.

[60] 陈晓端. 当代西方有效教学研究的系统考察与启示[J]. 比较教育研究,2005(8):56～60,71.

[61] 刘献君. 论"以学生为中心"[J]. 高等教育研究,2012(8):1～6.

[62] 姜艳玲,等. 学习成效金字塔理论在翻转课堂中的应用与实践[J]. 中

国电化教育,2014(7):133～138.

[63] 施良方,等.论教学的科学与艺术之争[J].课程.教材.教法,1996(9):56～59.

[64] 张其亮,等.基于“翻转课堂”的新型混合式教学模式研究[J].现代教育技术,2014(4):27～32.

[65] 王秋月.“慕课”“微课”与“翻转课堂”的实质及其应用[J].上海教育科研,2014(8):15～18.

[66] 林雪燕,等.基于翻转课堂的混合式教学模式设计与实现[J].中国职业技术教育,2016(2):15～20.

[67] 容梅,等.翻转课堂的历史、现状及实践策略探析[J].中国电化教育,2015(7):108～115.

[68] 倪闽景.用研究的态度推进慕课在基础教育的应用[J].天津教育报,2013(10A):26～27.

[69] 高东怀,等.基于网络课程的教学模式构建与应用[J].现代教育技术,2013(1):80～83.

后　记

自参加工作以来，一直从事职业教育工作：十年在职业院校一线从事教学工作，四年在地方教育行政部门从事职业教育管理工作，九年在职业院校从事管理工作。期间，我既看到了职业教育的快速发展，办学水平和质量的快速提高；同时，也对在职业院校一直存在着的教学质量不能满足社会和学生需求的问题有着较清醒的认识。正是由于对这个问题感受较深，所以一直较为关注。自 2013 年始，我就在所工作的泰山职业技术学院推进有效教学改革，抓住课程改革和课堂教学改革这两项重点，整体推进，取得了一定成效。2015 年，山东省教育厅部署安排职业教育教学改革研究项目，大规模扶持职业教育教学研究，在前期实践的基础上，我们成功申报了“高职院校有效教学的研究与实践”课题研究项目。按照问题—研究—实践的逻辑，我们不断在实践中推进有效教学改革这项工作，在明显提高教学质量的同时，也收获了一些经验。在学习借鉴先进教育教学理念、心理学理论，特别是学习心理学理论的基础上，总结我们的改革实践，形成了这部著作。当初的想法是把我们改革的历程和经验与大家进行分享，在写作的过程中，有感于很多教师经常感叹的“教学理念落后，怎么努力也没效果!”“只有理念没有办法，大而空，不知道怎么去做!”等现象，在总结高职院校有效教学改革理念的同时，穿插了大量可操作性比较强的具体方法、技巧、案例，使理论与实践相结合、理念与方法相结合，尽量给读者以一个既有理念提升和思想转变、又有丰富技巧和具体方法的真实体验，以期为职业教育工作者改进自己的教育教学实践提供更加务实、可借鉴的思想和经验。

回顾整个研究过程，是在问题中不断明确方向，在实践中不断提升理念，在研究中不断清晰思路的过程。尽管在研究和成书之初有着良好的愿望，希望能给同行以启发，但由于个人水平有限，书中疏漏和不妥之处肯定大量存在，还请各位专家、同行给予批评指正。

作者

2017 年 10 月